Heinrich Heine

Der Teufel, den man Venus nennt

Heinrich Heine

Der Teufel, den man Venus nennt

Gedichte und Erzählungen

marixverlag

Bibliografische Information der Deutschen Nationalbibliothek
Die Deutsche Nationalbibliothek verzeichnet diese Publikation in der
Deutschen Nationalbibliografie; detaillierte bibliografische Daten sind im
Internet über
http://dnb.d-nb.de abrufbar.

Für diese Ausgabe:

© by marixverlag GmbH, Wiesbaden 2012
Redaktion: Stefanie Evita Schaefer, marixverlag GmbH
Covergestaltung: Nicole Ehlers, marixverlag GmbH
Bildnachweis:
Illustration „She-Devil"
Satz und Bearbeitung: Medienservice Feiß, Burgwitz
Gesetzt in der Adobe Garamond
Gesamtherstellung:
Bercker Graphischer Betrieb GmbH & Co.KG, Kevelaer
Printed in Germany

ISBN: 978-3-86539-268-8

www.marixverlag.de

Inhalt

I.

DER TEUFEL, DEN MAN VENUS NENNT

UND ANDERE

AUSGEWÄHLTE GEDICHTE

Der Tannhäuser.
Eine Legende (1836)

I.

Ihr guten Christen, lasst Euch nicht
Von Satans List umgarnen!
Ich sing Euch das Tannhäuserlied,
Um Eure Seelen zu warnen.

Der edle Tannhäuser, ein Ritter gut,
Wollt Lieb und Lust gewinnen,
Da zog er in den Venusberg,
Blieb sieben Jahre drinnen.

Frau Venus, meine schöne Frau,
Leb wohl, mein holdes Leben!
Ich will nicht länger bleiben bei dir,
Du sollst mir Urlaub geben.

»Tannhäuser, edler Ritter mein,
Hast heut mich nicht geküsset;
Küss mich geschwind, und sage mir:
Was du bei mir vermisset?

Habe ich nicht den süßesten Wein
Tagtäglich dir kredenzet?
Und hab ich nicht mit Rosen dir
Tagtäglich das Haupt bekränzet? «

Frau Venus, meine schöne Frau,
Von süßem Wein und Küssen
Ist meine Seele geworden krank;
Ich schmachte nach Bitternissen.

Wir haben zu viel gescherzt und gelacht,
Ich sehne mich nach Tränen,
Und statt mit Rosen möcht ich mein Haupt
Mit spitzigen Dornen krönen.

»Tannhäuser, edler Ritter mein,
Du willst dich mit mir zanken;
Du hast geschworen viel tausendmal,
Niemals von mir zu wanken.

Komm, lass uns in die Kammer gehn,
Zu spielen der heimlichen Minne;
Mein schöner liljenweißer Leib
Erheitert deine Sinne.«

Frau Venus, meine schöne Frau,
Dein Reiz wird ewig blühen;
Wie viele einst für dich geglüht,
So werden noch viele glühen.

Doch denk ich der Götter und Helden, die einst
Sich zärtlich daran geweidet,
Dein schöner liljenweißer Leib,
Er wird mir schier verleidet.

Dein schöner liljenweißer Leib
Erfüllt mich fast mit Entsetzen,

Gedenk ich, wie viele werden sich
Noch späterhin dran ergetzen!

»Tannhäuser, edler Ritter mein,
Das sollst du mir nicht sagen,
Ich wollte lieber, du schlügest mich,
Wie du mich oft geschlagen.

Ich wollte lieber, du schlügest mich,
Als dass du Beleidigung sprächest,
Und mir, undankbar kalter Christ,
Den Stolz im Herzen brächest.

Weil ich dich geliebet gar zu sehr,
Hör ich nun solche Worte –
Leb wohl, ich gebe Urlaub dir,
Ich öffne dir selber die Pforte.«

II.

Zu Rom, zu Rom, in der heiligen Stadt,
Da singt es und klingelt und läutet:
Da zieht einher die Prozession,
Der Papst in der Mitte schreitet.

Das ist der fromme Papst Urban,
Er trägt die dreifache Krone,
Er trägt ein rotes Purpurgewand,
Die Schleppe tragen Barone.

»O heiliger Vater, Papst Urban,
Ich lass dich nicht von der Stelle,

Du hörest zuvor meine Beichte an,
Du rettest mich von der Hölle!«

Das Volk es weicht im Kreis zurück,
Es schweigen die geistlichen Lieder:
Wer ist der Pilger bleich und wüst,
Vor dem Papste kniet er nieder?

»O heiliger Vater, Papst Urban,
Du kannst ja binden und lösen,
Errette mich von der Höllenqual
Und von der Macht des Bösen.

Ich bin der edle Tannhäuser genannt,
Wollt Lieb und Lust gewinnen,
Da zog ich in den Venusberg,
Blieb sieben Jahre drinnen.

Frau Venus ist eine schöne Frau,
Liebreizend und anmutreiche;
Wie Sonnenschein und Blumenduft
Ist ihre Stimme, die weiche.

Wie der Schmetterling flattert um eine Blum,
Am zarten Kelch zu nippen,
So flattert meine Seele stets
Um ihre Rosenlippen.

Ihr edles Gesicht umringeln wild
Die blühend schwarzen Locken;
Schaun dich die großen Augen an,
Wird dir der Atem stocken.

Schaun dich die großen Augen an,
So bist du wie angekettet;
Ich habe nur mit großer Not
Mich aus dem Berg gerettet.

Ich hab mich gerettet aus dem Berg,
Doch stets verfolgen die Blicke
Der schönen Frau mich überall,
Sie winken: komm zurücke!

Ein armes Gespenst bin ich am Tag,
Des Nachts mein Leben erwachet,
Dann träum ich von meiner schönen Frau,
Sie sitzt bei mir und lachet.

Sie lacht so gesund, so glücklich, so toll,
Und mit so weißen Zähnen!
Wenn ich an dieses Lachen denk,
So weine ich plötzliche Tränen.

Ich liebe sie mit Allgewalt,
Nichts kann die Liebe hemmen!
Das ist wie ein wilder Wasserfall,
Du kannst seine Fluten nicht dämmen;

Er springt von Klippe zu Klippe herab,
Mit lautem Tosen und Schäumen,
Und bräch er tausendmal den Hals,
Er wird im Laufe nicht säumen.

Wenn ich den ganzen Himmel besäß,
Frau Venus schenkt ich ihn gerne;

Ich gäb ihr die Sonne, ich gäb ihr den Mond,
Ich gäbe ihr sämtliche Sterne.

Ich liebe sie mit Allgewalt,
Mit Flammen, die mich verzehren,
Ist das der Hölle Feuer schon,
Die Gluten, die ewig währen?

O heiliger Vater, Papst Urban,
Du kannst ja binden und lösen!
Errette mich von der Höllenqual
Und von der Macht des Bösen.«

Der Papst hub jammernd die Händ empor,
Hub jammernd an zu sprechen:
»Tannhäuser, unglückselger Mann,
Der Zauber ist nicht zu brechen.

Der Teufel, den man Venus nennt,
Er ist der Schlimmste von allen;
Erretten kann ich dich nimmermehr
Aus seinen schönen Krallen.

Mit deiner Seele musst du jetzt
Des Fleisches Lust bezahlen,
Du bist verworfen, du bist verdammt
Zu ewigen Höllenqualen. «

III.

Der Ritter Tannhäuser er wandelt so rasch,
Die Füße die wurden ihm wunde.
Er kam zurück in den Venusberg
Wohl um die Mitternachtsstunde.

Frau Venus erwachte aus dem Schlaf,
Ist schnell aus dem Bette gesprungen;
Sie hat mit ihrem weißen Arm
Den geliebten Mann umschlungen.

Aus ihrer Nase rann das Blut,
Den Augen die Tränen entflossen;
Sie hat mit Tränen und Blut das Gesicht
Des geliebten Mannes begossen.

Der Ritter legte sich ins Bett,
Er hat kein Wort gesprochen.
Frau Venus in die Küche ging,
Um ihm eine Suppe zu kochen.

Sie gab ihm Suppe, sie gab ihm Brot,
Sie wusch seine wunden Füße,
Sie kämmte ihm das struppige Haar,
Und lachte dabei so süße.

»Tannhäuser, edler Ritter mein,
Bist lange ausgeblieben,
Sag an, in welchen Landen du dich
So lange herumgetrieben?«

Frau Venus, meine schöne Frau,
Ich hab in Welschland verweilet;
Ich hatte Geschäfte in Rom und bin
Schnell wieder hierher geeilet.

Auf sieben Hügeln ist Rom gebaut,
Die Tiber tut dorten fließen;
Auch hab ich in Rom den Papst gesehn,
Der Papst er lässt dich grüßen.

Auf meinem Rückweg sah ich Florenz,
Bin auch durch Mailand gekommen,
Und bin alsdann mit raschem Mut
Die Schweiz hinaufgeklommen.

Und als ich über die Alpen zog,
Da fing es an zu schneien,
Die blauen Seen die lachten mich an,
Die Adler krächzen und schreien.

Und als ich auf dem Sankt-Gotthard stand,
Da hört ich Deutschland schnarchen;
Es schlief da unten in sanfter Hut
Von sechsunddreißig Monarchen.

In Schwaben besah ich die Dichterschul,
Gar liebe Geschöpfchen und Tröpfchen!
Auf kleinen Kackstühlchen saßen sie dort,
Fallhütchen auf den Köpfchen.

Zu Frankfurt kam ich am Schabbes an,
Und aß dort Schaler und Klöse;

Ihr habt die beste Religion,
Auch lieb ich das Gänsegekröse.

In Dresden sah ich einen Hund,
Der einst gehört zu den Bessern,
Doch fallen ihm jetzt die Zähne aus,
Er kann nur bellen und wässern.

Zu Weimar, dem Musenwitwensitz,
Da hört ich viel Klagen erheben,
Man weinte und jammerte: Goethe sei tot,
Und Eckermann sei noch am Leben!

Zu Potsdam vernahm ich ein lautes Geschrei –
Was gibt es? rief ich verwundert.
»Das ist der Gans in Berlin, der liest
Dort über das letzte Jahrhundert.«

Zu Göttingen blüht die Wissenschaft,
Doch bringt sie keine Früchte.
Ich kam dort durch in stockfinstrer Nacht,
Sah nirgendswo ein Lichte.

Zu Celle im Zuchthaus sah ich nur
Hannoveraner – O Deutsche!
Uns fehlt ein Nationalzuchthaus
Und eine gemeinsame Peitsche!

Zu Hamburg frug ich: warum so sehr
Die Straßen stinken täten?
Doch Juden und Christen versicherten mir,
Das käme von den Fleeten.

Zu Hamburg, in der guten Stadt,
Wohnt mancher schlechte Geselle;
Und als ich auf die Börse kam,
Ich glaubte, ich wär noch in Celle.

Zu Hamburg sah ich Altona,
Ist auch eine schöne Gegend;
Ein andermal erzähl ich dir
Was mir alldort begegnet.

Buch der Lieder.
Eine Auswahl
(1817–1826)

VIII. Du schönes Fischermädchen

Du schönes Fischermädchen,
Treibe den Kahn ans Land;
Komm zu mir und setze dich nieder,
Wir kosen Hand in Hand.

Leg an mein Herz dein Köpfchen,
Und fürchte dich nicht zu sehr,
Vertraust du dich doch sorglos
Täglich dem wilden Meer.

Mein Herz gleicht ganz dem Meere,
Hat Sturm und Ebb und Flut,
Und manche schöne Perle
In seiner Tiefe ruht.

XII. Du liebst mich nicht

Du liebst mich nicht, du liebst mich nicht,
Das kümmert mich gar wenig;
Schau' ich dir nur in's Angesicht,
So bin ich froh wie'n König.

Du hassest, hassest mich sogar,
So spricht dein rothes Mündchen;
Reich' mir es nur zum Küssen dar,
So tröst' ich mich, mein Kindchen.

XV. Die Welt ist dumm

Die Welt ist dumm, die Welt ist blind,
Wird täglich abgeschmackter;
Sie spricht von dir, mein schönes Kind,
Du hast keinen guten Charakter.

Die Welt ist dumm, die Welt ist blind,
Und dich wird sie immer verkennen;
Sie weiß nicht wie weich deine Arme sind,
Und wie deine Küsse brennen.

L. Am Teetisch

Sie saßen und tranken am Teetisch,
Und sprachen von Liebe viel.
Die Herren waren ästhetisch,
Die Damen von zartem Gefühl.

Die Liebe muss sein platonisch,
Der dürre Hofrat sprach.
Die Hofrätin lächelt ironisch,
Und dennoch seufzet sie: Ach!

Der Domherr öffnet den Mund weit:
Die Liebe sei nicht zu roh,

Sie schadet sonst der Gesundheit.
Das Fräulein lispelt: Wie so?

Die Gräfin spricht wehmütig:
Die Liebe ist eine Passion!
Und präsentieret gütig
Die Tasse dem Herrn Baron.

Am Tische war noch ein Plätzchen;
Mein Liebchen, da hast du gefehlt.
Du hättest so hübsch, mein Schätzchen,
Von deiner Liebe erzählt.

LV. Liebesweh

Ich hab dich geliebt und liebe dich noch!
Und fiele die Welt zusammen,
Aus ihren Trümmern stiegen doch
Hervor meiner Liebe Flammen.

LVII. Habe mich mit Liebesreden

Habe mich mit Liebesreden
Festgelogen an dein Herz,
Und, verstrickt in eignen Fäden,
Wird zum Ernste mir mein Scherz.

Wenn du dich, mit vollem Rechte,
Scherzend nun von mir entfernst,
Nah'n sich mir die Höllenmächte,
Und ich schieß' mich todt im Ernst.

NEUE GEDICHTE.
EINE AUSWAHL

(1844)

I. Neuer Frühling

XII.

Ach, ich sehne mich nach Tränen,
Liebestränen, schmerzenmild,
Und ich fürchte, dieses Sehnen
Wird am Ende noch erfüllt.

Ach, der Liebe süßes Elend
Und der Liebe bittre Lust
Schleicht sich wieder, himmlisch quälend,
In die kaum genesne Brust.

XXIX.

Es war ein alter König,
Sein Herz war schwer, sein Haupt war grau;
Der arme alte König,
Er nahm eine junge Frau.

Es war ein schöner Page,
Blond war sein Haupt, leicht war sein Sinn;

Er trug die seidne Schleppe
Der jungen Königin.

Kennst du das alte Liedchen?
Es klingt so süß, es klingt so trüb!
Sie mussten beide sterben,
Sie hatten sich viel zu lieb.

XXXIV.

Der Brief, den du geschrieben,
Er macht mich gar nicht bang;
Du willst mich nicht mehr lieben,
Aber dein Brief ist lang.

Zwölf Seiten, eng und zierlich!
Ein kleines Manuskript!
Man schreibt nicht so ausführlich,
Wenn man den Abschied gibt.

II. Romanzen

I. Ein Weib

Sie hatten sich beide so herzlich lieb,
Spitzbübin war sie, er war ein Dieb.
Wenn er Schelmenstreiche machte,
Sie warf sich aufs Bett und lachte.

Der Tag verging in Freud und Lust,
Des Nachts lag sie an seiner Brust.

Als man ins Gefängnis ihn brachte,
Sie stand am Fenster und lachte.

Er ließ ihr sagen: O komm zu mir,
Ich sehne mich so sehr nach dir,
Ich rufe nach dir, ich schmachte –
Sie schüttelt' das Haupt und lachte.

Um sechse des Morgens ward er gehenkt,
Um sieben ward er ins Grab gesenkt;
Sie aber schon um achte
Trank roten Wein und lachte.

V. Aus einem Briefe

(Die Sonne spricht:)

Was gehn dich meine Blicke an?
Das ist der Sonne gutes Recht,
Sie strahlt auf den Herrn wie auf den Knecht;
Ich strahle, weil ich nicht anders kann.

Was gehn dich meine Blicke an?
Bedenke, was deine Pflichten sind,
Nimm dir ein Weib und mach ein Kind,
Und sei ein deutscher Biedermann.

Ich strahle, weil ich nicht anders kann,
Ich wandle am Himmel wohl auf, wohl ab,
Aus Langeweile guck ich hinab –
Was gehn dich meine Blicke an?

(Der Dichter spricht:)

Das ist ja eben meine Tugend,
Dass ich ertrage deinen Blick,
Das Licht der ewgen Seelenjugend,
Blendende Schönheit, Flammenglück!

Jetzt aber fühl ich ein Ermatten
Der Sehkraft, und es sinken nieder,
Wie schwarze Flöre, nächtge Schatten
Auf meine armen Augenlider ...

(Chor der Affen:)

Wir Affen, wir Affen,
Wir glotzen und gaffen
Die Sonne an,
Weil sie es doch nicht wehren kann.

(Chor der Frösche:)

Im Wasser, im Wasser,
Da ist es noch nasser
Als auf der Erde,
Und ohne Beschwerde
Erquicken
Wir uns an den Sonnenblicken.

(Chor der Maulwürfe:)

Was doch die Leute Unsinn schwatzen
Von Strahlen und von Sonnenblicken!

Wir fühlen nur ein warmes Jücken,
Und pflegen uns alsdann zu kratzen.

(Ein Glühwurm spricht:)

Wie sich die Sonne wichtig macht,
Mit ihrer kurzen Tagespracht!
So unbescheiden zeig ich mich nicht,
Und bin doch auch ein großes Licht,
In der Nacht, in der Nacht!

VI. Unstern

Der Stern erstrahlte so munter,
Da fiel er vom Himmel herunter.
Du fragst mich, Kind, was Liebe ist?
Ein Stern in einem Haufen Mist.

Wie'n räudiger Hund, der verrecket,
So liegt er mit Unrat bedecket.
Es kräht der Hahn, die Sau, sie grunzt,
Im Kote wälzt sich ihre Brunst.

Oh, fiel ich doch in den Garten,
Wo die Blumen meiner harrten,
Wo ich mir oft gewünschet hab
Ein reinliches Sterben, ein duftiges Grab!

VII. Anno 1829

Dass ich bequem verbluten kann,
Gebt mir ein edles, weites Feld!
Oh, lasst mich nicht ersticken hier
In dieser engen Krämerwelt!

Sie essen gut, sie trinken gut,
Erfreun sich ihres Maulwurfglücks,
Und ihre Großmut ist so groß
Als wie das Loch der Armenbüchs.

Zigarren tragen sie im Maul
Und in der Hosentasch' die Händ;
Auch die Verdauungskraft ist gut –
Wer sie nur selbst verdauen könnt!

Sie handeln mit den Spezerein
Der ganzen Welt, doch in der Luft,
Trotz allen Würzen, riecht man stets
Den faulen Schellfischseelenduft.

O, dass ich große Laster säh,
Verbrechen, blutig, kolossal –
Nur diese satte Tugend nicht,
Und zahlungsfähige Moral!

Ihr Wolken droben, nehmt mich mit,
Gleichviel nach welchem fernen Ort!
Nach Lappland oder Afrika,
Und seis nach Pommern – fort! nur fort!

O, nehmt mich mit – sie hören nicht –
Die Wolken droben sind so klug!
Vorüberreisend dieser Stadt,
Ängstlich beschleunigen sie den Flug.

XV. Psyche

In der Hand die kleine Lampe,
In der Brust die große Glut,
Schleichet Psyche zu dem Lager,
Wo der holde Schläfer ruht.

Sie errötet und sie zittert,
Wie sie seine Schönheit sieht –
Der enthüllte Gott der Liebe,
Er erwacht und er entflieht.

Achtzehnhundertjährge Buße!
Und die Ärmste stirbt beinah!
Psyche fastet und kasteit sich,
Weil sie Amorn nackend sah.

XVI. Die Unbekannte

Meiner goldgelockten Schönen
Weiß ich täglich zu begegnen,
In dem Tuileriengarten,
Unter den Kastanienbäumen.

Täglich geht sie dort spazieren,
Mit zwei hässlich alten Damen –

Sind es Tanten? Sinds Dragoner,
Die vermummt in Weiberröcken?

Niemand konnt mir Auskunft geben,
Wer sie sei. Bei allen Freunden
Frug ich nach, und stets vergebens!
Ich erkrankte fast vor Sehnsucht.

Eingeschüchtert von dem Schnurrbart
Ihrer zwei Begleiterinnen,
Und von meinem eignen Herzen
Noch viel strenger eingeschüchtert,

Wagt ich nie ein seufzend Wörtchen
Im Vorübergehn zu flüstern,
Und ich wagte kaum mit Blicken
Meine Flamme zu bekunden.

Heute erst hab ich erfahren
Ihren Namen. Laura heißt sie,
Wie die schöne Provenzalin,
Die der große Dichter liebte.

Laura heißt sie! Nun da bin ich
Just so weit wie einst Petrarca,
Der das schöne Weib gefeiert
In Kanzonen und Sonetten.

Laura heißt sie! Wie Petrarca
Kann ich jetzt platonisch schwelgen
In dem Wohllaut dieses Namens –
Weiter hat er's nie gebracht.

XX. Lass ab!

Der Tag ist in die Nacht verliebt,
Der Frühling in den Winter,
Das Leben verliebt in den Tod
Und du, du liebest mich!

Du liebst mich – schon erfassen dich
Die grauenhaften Schatten,
All deine Blüte welkt,
Und deine Seele verblutet.

Lass ab von mir, und liebe nur
Die heiteren Schmetterlinge,
Die da gaukeln im Sonnenlicht
Lass ab von mir und dem Unglück.

VIII. Unterwelt

I.

Blieb ich doch ein Junggeselle! –
Seufzet Pluto tausendmal –
Jetzt, in meiner Ehstandsqual,
Merk ich, früher ohne Weib
War die Hölle keine Hölle.

Blieb ich doch ein Junggeselle!
Seit ich Proserpinen hab,
Wünsch ich täglich mich ins Grab!
Wenn sie keift, so hör ich kaum
Meines Zerberus Gebelle.

Stets vergeblich, stets nach Frieden
Ring ich. Hier im Schattenreich
Kein Verdammter ist mir gleich!
Ich beneide Sisyphus
Und die edlen Danaiden.

II.

Auf goldenem Stuhl, im Reiche der Schatten,
Zur Seite des königlichen Gatten,
Sitzt Proserpine
Mit finstrer Miene.
Und im Herzen seufzet sie traurig:

Ich lechze nach Rosen, nach Sangesergüssen
Der Nachtigall, nach Sonnenküssen –
Und hier unter bleichen
Lemuren und Leichen
Mein junges Leben vertrau ich!

Bin festgeschmiedet am Ehejoche,
In diesem verwünschten Rattenloche!
Und des Nachts die Gespenster,
Sie schaun mir ins Fenster,
Und der Styx, er murmelt so schaurig!

Heut hab ich den Charon zu Tische geladen –
Glatzköpfig ist er und ohne Waden –
Auch die Totenrichter,
Langweilge Gesichter –
In solcher Gesellschaft versaur ich.

III.

Während solcherlei Beschwerde
In der Unterwelt sich häuft,
Jammert Ceres auf der Erde.
Die verrückte Göttin läuft,
Ohne Haube, ohne Kragen,
Schlotterbusig durch das Land,
Deklamierend jene Klagen,
Die euch allen wohlbekannt:

»Ist der holde Lenz erschienen?
Hat die Erde sich verjüngt?
Die besonnten Hügel grünen,
Und des Eises Rinde springt.
Aus der Ströme blauem Spiegel
Lacht der unbewölkte Zeus,
Milder wehen Zephirs Flügel,
Augen treibt das junge Reis.
In dem Hain erwachen Lieder,
Und die Oreade spricht:
Deine Blumen kehren wieder,
Deine Tochter kehret nicht.

Ach wie lang ist's, dass ich walle
Suchend durch der Erde Flur!
Titan, deine Strahlen alle
Sandt ich nach der teuren Spur!
Keiner hat mir noch verkündet
Von dem lieben Angesicht,
Und der Tag, der alles findet,
Die Verlorne fand er nicht.
Hast du, Zeus, sie mir entrissen?

Hat, von ihrem Reiz gerührt,
Zu des Orkus schwarzen Flüssen
Pluto sie hinabgeführt?

Wer wird nach dem düstern Strande
Meines Grames Bote sein?
Ewig stößt der Kahn vom Lande,
Doch nur Schatten nimmt er ein.
Jedem selgen Aug verschlossen
Bleibt das nächtliche Gefild,
Und solang der Styx geflossen,
Trug er kein lebendig Bild.
Nieder führen tausend Steige,
Keiner führt zum Tag zurück;
Ihre Tränen bringt kein Zeuge
Vor der bangen Mutter Blick.«

IV.

Meine Schwiegermutter Ceres!
Lass die Klagen, lass die Bitten!
Dein Verlangen, ich gewähr es –
Habe selbst soviel gelitten!

Tröste dich, wir wollen ehrlich
Den Besitz der Tochter teilen,
Und sechs Monden soll sie jährlich
Auf der Oberwelt verweilen.

Hilft dir dort an Sommertagen
Bei den Ackerbaugeschäften;
Einen Strohhut wird sie tragen,
Wird auch Blumen daran heften.

Schwärmen wird sie, wenn den Himmel
Überzieht die Abendröte,
Und am Bach ein Bauernlümmel
Zärtlich bläst die Hirtenflöte.

Wird sich freun mit Gret und Hänschen
Bei des Erntefestes Reigen;
Unter Schöpsen, unter Gänschen,
Wird sie sich als Löwin zeigen.

Süße Ruh! Ich kann verschnaufen
Hier im Orkus unterdessen!
Punsch mit Lethe will ich saufen,
Um die Gattin zu vergessen.

III. Verschiedene Gedichte

Angélique

VI.

Während ich nach andrer Leute,
Andrer Leute Schätze spähe,
Und vor fremden Liebestüren
Schmachtend auf- und nieder gehe:

Treibts vielleicht die andren Leute
Hin und her an andrem Platze,
Und vor meinen eignen Fenstern
Äugeln sie mit meinem Schatze.

Das ist menschlich! Gott im Himmel
Schütze uns auf allen Wegen!
Gott im Himmel geb uns Allen,
Geb uns Allen Glück und Segen!

VII.

Ja freilich, du bist mein Ideal,
Habs dir ja oft bekräftigt
Mit Küssen und Eiden sonder Zahl;
Doch heute bin ich beschäftigt.

Komm morgen zwischen zwei und drei,
Dann sollen neue Flammen
Bewähren meine Schwärmerei;
Wir essen nachher zusammen.

Wenn ich Billette bekommen kann,
Bin ich sogar kapabel,
Dich in die Oper zu führen alsdann:
Man gibt Robert-le-Diable.

Es ist ein großes Zauberstück
Voll Teufelslust und Liebe;
Von Meyerbeer ist die Musik,
Der schlechte Text von Scribe.

VIII.

Schaff mich nicht ab, wenn auch den Durst
Gelöscht der holde Trunk;
Behalt mich noch ein Vierteljahr,
Dann hab auch ich genung.

Kannst du nicht mehr Geliebte sein,
Sei Freundin mir sodann;
Hat man die Liebe durchgeliebt,
Fängt man die Freundschaft an.

IX.

Dieser Liebe toller Fasching,
Dieser Taumel unsrer Herzen,
Geht zu Ende, und ernüchtert
Gähnen wir einander an!

Ausgetrunken ist der Kelch,
Der mit Sinnenrausch gefüllt war,
Schäumend, lodernd, bis am Rande;
Ausgetrunken ist der Kelch.

Es verstummen auch die Geigen,
Die zum Tanze mächtig spielten,
Zu dem Tanz der Leidenschaft;
Auch die Geigen, sie verstummen.

Es erlöschen auch die Lampen,
Die das wilde Licht ergossen
Auf den bunten Mummenschanz,
Auch die Lampen, sie erlöschen.

Morgen kommt der Aschenmittwoch,
Und ich zeichne deine Stirne
Mit dem Aschenkreuz und spreche:
Weib, bedenke, dass du Staub bist.

Clarisse

I.

Meinen schönsten Liebesantrag
Suchst du ängstlich zu verneinen;
Frag ich dann: ob das ein Korb sei?
Fängst du plötzlich an zu weinen.

Selten bet ich, drum erhör mich,
Lieber Gott! Hilf dieser Dirne,
Trockne ihre süßen Tränen
Und erleuchte ihr Gehirne.

II.

Überall, wo du auch wandelst,
Schaust du mich zu allen Stunden,
Und je mehr du mich misshandelst,
Treuer bleib ich dir verbunden.

Denn mich fesselt holde Bosheit,
Wie mich Güte stets vertrieben;
Willst du sicher meiner los sein,
Musst du dich in mich verlieben.

III.

Hol der Teufel deine Mutter,
Hol der Teufel deinen Vater,
Die so grausam mich verhindert,
Dich zu schauen im Theater.

Denn sie saßen da und gaben,
Breitgeputzt, nur seltne Lücken,
Dich im Hintergrund der Loge,
Süßes Liebchen, zu erblicken.

Und sie saßen da und schauten
Zweier Liebenden Verderben,
Und sie klatschten großen Beifall,
Als sie beide sahen sterben.

IV.

Geh nicht durch die böse Straße,
Wo die schönen Augen wohnen –
Ach! sie wollen allzu gütig
Dich mit ihrem Blitz verschonen.

Grüßen allerliebst herunter
Aus dem hohen Fensterbogen,
Lächeln freundlich (Tod und Teufel!)
Sind dir schwesterlich gewogen.

Doch du bist schon auf dem Wege,
Und vergeblich ist dein Ringen;
Eine ganze Brust voll Elend
Wirst du mit nach Hause bringen.

V.

Es kommt zu spät, was du mir lächelst,
Was du mir seufzest, kommt zu spät!
Längst sind gestorben die Gefühle,
Die du so grausam einst verschmäht.

Zu spät kommt deine Gegenliebe!
Es fallen auf mein Herz herab
All deine heißen Liebesblicke,
Wie Sonnenstrahlen auf ein Grab.

*

Nur wissen möcht ich: wenn wir sterben,
Wohin dann unsre Seele geht?
Wo ist das Feuer, das erloschen?
Wo ist der Wind, der schon verweht?

Diana

I.

Diese schönen Gliedermassen
Kolossaler Weiblichkeit
Sind jetzt, ohne Widerstreit,
Meinen Wünschen überlassen.

Wär ich, leidenschaftentzügelt,
Eigenkräftig ihr genaht,
Ich bereute solche Tat!
Ja, sie hätte mich geprügelt.

Welcher Busen, Hals und Kehle!
(Höher seh ich nicht genau.)
Eh ich ihr mich anvertrau,
Gott empfehl ich meine Seele.

Emma

III.

Nicht mal einen einzgen Kuß,
Nach so monatlangem Lieben!
Und so bin ich Allerärmster
Trocknen Mundes stehngeblieben.

Einmal kam das Glück mir nah –
Schon konnt ich den Atem spüren –
Doch es flog vorüber – ohne
Mir die Lippen zu berühren.

IV.

Emma, sage mir die Wahrheit:
Ward ich närrisch durch die Liebe?
Oder ist die Liebe selber
Nur die Folge meiner Narrheit?

Ach! mich quälet, teure Emma,
Außer meiner tollen Liebe,
Außer meiner Liebestollheit,
Obendrein noch dies Dilemma.

VI.

Schon mit ihren schlimmsten Schatten
Schleicht die böse Nacht heran;
Unsre Seelen, sie ermatten,
Gähnend schauen wir uns an.

Du wirst alt und ich noch älter,
Unser Frühling ist verblüht.
Du wirst kalt und ich noch kälter,
Wie der Winter näher zieht.

Ach, das Ende ist so trübe!
Nach der holden Liebesnot
Kommen Nöten ohne Liebe,
Nach dem Leben kommt der Tod.

Friederike

I.

Verlass Berlin, mit seinem dicken Sande
Und dünnen Tee und überwitzgen Leuten,
Die Gott und Welt, und was sie selbst bedeuten,
Begriffen längst mit Hegelschem Verstande.

Komm mit nach Indien, nach dem Sonnenlande,
Wo Ambrablüten ihren Duft verbreiten,
Die Pilgerscharen nach dem Ganges schreiten,
Andächtig und im weißen Festgewande.

Dort, wo die Palmen wehn, die Wellen blinken,
Am heilgen Ufer Lotosblumen ragen
Empor zu Indras Burg, der ewig blauen;

Dort will ich gläubig vor dir niedersinken,
Und deine Füße drücken, und dir sagen:
Madame! Sie sind die schönste aller Frauen!

II.

Der Ganges rauscht, mit klugen Augen schauen
Die Antilopen aus dem Laub, sie springen
Herbei mutwillig, ihre bunten Schwingen
Entfaltend, wandeln stolzgespreizte Pfauen.

Tief aus dem Herzen der bestrahlten Auen
Blumengeschlechter, viele neue, dringen,
Sehnsuchtberauscht ertönt Kokilas Singen –
Ja, du bist schön, du schönste aller Frauen!

Gott Kama lauscht aus allen deinen Zügen,
Er wohnt in deines Busens weißen Zelten,
Und haucht aus dir die lieblichsten Gesänge;

Ich sah Wassant auf deinen Lippen liegen,
In deinem Aug' entdeck ich neue Welten,
Und in der eignen Welt wirds mir zu enge.

III.

Der Ganges rauscht, der große Ganges schwillt,
Der Himalaja strahlt im Abendscheine,
Und aus der Nacht der Banianenhaine
Die Elefantenherde stürzt und brüllt –

Ein Bild! Ein Bild! Mein Pferd für'n gutes Bild!
Womit ich dich vergleiche, Schöne, Feine,
Dich Unvergleichliche, dich Gute, Reine,
Die mir das Herz mit heitrer Lust erfüllt!

Vergebens siehst du mich nach Bildern schweifen,
Und siehst mich mit Gefühl und Reimen ringen –
Und, ach! du lächelst gar ob meiner Qual!

Doch lächle nur! Denn wenn du lächelst, greifen
Gandarven nach der Zither, und sie singen
Dort oben in dem goldnen Sonnensaal.

Hortense

I.

Ehmals glaubt ich, alle Küsse,
Die ein Weib uns gibt und nimmt,
Seien uns, durch Schicksalsschlüsse,
Schon urzeitlich vorbestimmt.

Küsse nahm ich, und ich küsste
So mit Ernst in jener Zeit,
Als ob ich erfüllen müsste
Taten der Notwendigkeit.

Jetzo weiß ich, überflüssig,
Wie so manches, ist der Kuß,
Und mit leichtern Sinnen küss ich,
Glaubenlos im Überfluss.

II.

Wir standen an der Straßeneck
Wohl über eine Stunde;
Wir sprachen voller Zärtlichkeit
Von unsrem Seelenbunde.

Wir sagten uns viel Hundert Mal,
Dass wir einander lieben;
Wir standen an der Straßeneck,
Und sind da stehngeblieben.

Die Göttin der Gelegenheit,
Wie 'n Zöfchen, flink und heiter,
Kam sie vorbei und sah uns stehn,
Und lachend ging sie weiter.

IV.

(Sie spricht:)

Steht ein Baum im schönen Garten
Und ein Apfel hängt daran,
Und es ringelt sich am Aste
Eine Schlange, und ich kann
Von den süßen Schlangenaugen
Nimmer wenden meinen Blick,
Und das zischelt so verheißend,
Und das lockt wie holdes Glück!

(Die Andre spricht:)

Dieses ist die Frucht des Lebens,
Koste ihre Süßigkeit,
Dass du nicht so ganz vergebens

Lebtest deine Lebenszeit!
Schönes Kindchen, fromme Taube,
Kost einmal und zittre nicht –
Folge meinem Rat und glaube,
Was die kluge Muhme spricht.

V.

Neue Melodien spiel ich
Auf der neugestimmten Zither.
Alt ist der Text! Es sind die Worte
Salomos: Das Weib ist bitter.

Ungetreu ist sie dem Freunde,
Wie sie treulos dem Gemahle!
Wermut sind die letzten Tropfen
In der Liebe Goldpokale.

Also wahr ist jene Sage
Von dem dunklen Sündenfluche,
Den die Schlange dir bereitet,
Wie es steht im alten Buche?

Kriechend auf dem Bauch, die Schlange,
Lauscht sie noch in allen Büschen,
Kost mit dir noch jetzt wie weiland,
Und du hörst sie gerne zischen.

Ach, es wird so kalt und dunkel!
Um die Sonne flattern Raben,
Und sie krächzen. Lust und Liebe
Ist auf lange jetzt begraben.

VI.

Nicht lange täuschte mich das Glück,
Das du mir zugelogen,
Dein Bild ist wie ein falscher Traum
Mir durch das Herz gezogen.

Der Morgen kam, die Sonne schien,
Der Nebel ist zerronnen;
Geendigt hatten wir schon längst,
Eh wir noch kaum begonnen.

Katharina

II.

»Wollen Sie ihr nicht vorgestellt sein?«
Flüsterte mir die Herzogin. –
»Beileibe nicht, ich müsst ein Held sein,
Ihr Anblick schon wirrt mir den Sinn.«

Das schöne Weib macht mich erbeben!
Es ahnet mir, in ihrer Näh
Beginnt für mich ein neues Leben,
Mit neuer Lust, mit neuem Weh.

Es hält wie Angst mich von ihr ferne,
Es treibt mich Sehnsucht hin zu ihr!
Wie meines Schicksals wilde Sterne
Erscheinen diese Augen mir.

Die Stirn ist klar. Doch es gewittert
Dahinter schon der künftge Blitz,
Der künftge Sturm, der mich erschüttert
Bis in der Seele tiefsten Sitz.

Der Mund ist fromm. Doch mit Entsetzen
Unter den Rosen seh ich schon
Die Schlangen, die mich einst verletzen
Mit falschem Kuß, mit süßem Hohn.

Die Sehnsucht treibt. – Ich muss mich näh'ren
Dem holden, unheilschwangern Ort –
Schon kann ich ihre Stimme hören –
Klingende Flamme ist ihr Wort.

Sie fragt: »Monsieur, wie ist der Name
Der Sängerin, die eben sang?«
Stotternd antworte ich der Dame:
»Hab nichts gehört von dem Gesang.«

III.

Wie Merlin, der eitle Weise,
Bin ich armer Nekromant
Nun am Ende festgebannt
In die eignen Zauberkreise.

Festgebannt zu ihren Füßen
Lieg ich nun, und immerdar
Schau ich in ihr Augenpaar;
Und die Stunden, sie verfließen.

Stunden, Tage, ganze Wochen,
Sie verfließen wie ein Traum,
Was ich rede, weiß ich kaum,
Weiß auch nicht, was sie gesprochen.

Manchmal ist mir, als berühren
Ihre Lippen meinen Mund –
Bis in meiner Seele Grund
Kann ich dann die Flammen spüren.

V.

Ich liebe solche weiße Glieder,
Der zarten Seele schlanke Hülle,
Wildgroße Augen und die Stirne
Umwogt von schwarzer Lockenfülle!

Du bist so recht die rechte Sorte,
Die ich gesucht in allen Landen;
Auch meinen Wert hat euresgleichen
So recht zu würdigen verstanden.

Du hast an mir den Mann gefunden,
Wie du ihn brauchst. Du wirst mich reichlich
Beglücken mit Gefühl und Küssen,
Und dann verraten, wie gebräuchlich.

VII.

Jüngstens träumte mir: spazieren
In dem Himmelreiche ging ich,
Ich mit dir – denn ohne dich
Wär der Himmel eine Hölle.

Dort sah ich die Auserwählten,
Die Gerechten und die Frommen,
Die auf Erden ihren Leib
Für der Seele Heil gepeinigt:

Kirchenväter und Apostel,
Eremiten, Kapuziner,
Alte Käuze, einge junge –
Letztre sahn noch schlechter aus!

Lange, heilige Gesichter,
Breite Glatzen, graue Bärte,
(Drunter auch verschiedne Juden) –
Gingen streng an uns vorüber,

Warfen keinen Blick nach dir,
Ob du gleich, mein schönes Liebchen,
Tändelnd mir am Arme hingest,
Tändelnd, lächelnd, kokettierend!

Nur ein Einz'ger sah dich an,
Und es war der einzge schöne,
Schöne Mann in dieser Schar;
Wunderherrlich war sein Antlitz,

Menschengüte um die Lippen,
Götterruhe in den Augen,
Wie auf Magdalenen einst
Schaute Jener auf dich nieder.

Ach! ich weiß, er meint es gut –
Keiner ist so rein und edel –

Aber ich, ich wurde dennoch
Wie von Eifersucht berühret –

Und ich muss gestehn, es wurde
Mir im Himmel unbehaglich –
Gott verzeih mir's! mich genierte
Unser Heiland, Jesus Christus.

Seraphine

X.

Das Fräulein stand am Meere
Und seufzte lang und bang,
Es rührte sie so sehre
Der Sonnenuntergang.

Mein Fräulein! sein Sie munter,
Das ist ein altes Stück;
Hier vorne geht sie unter
Und kehrt von hinten zurück.

Yolante und Marie

II.

In welche soll ich mich verlieben,
Da beide liebenswürdig sind?
Ein schönes Weib ist noch die Mutter,
Die Tochter ist ein schönes Kind.

Die weißen, unerfahrnen Glieder,
Sie sind so rührend anzusehn!
Doch reizend sind geniale Augen,
Die unsre Zärtlichkeit verstehn.

Es gleicht mein Herz dem grauen Freunde,
Der zwischen zwei Gebündel Heu
Nachsinnlich grübelt, welch von beiden
Das allerbeste Futter sei.

III.

Die Flaschen sind leer, das Frühstück ist gut,
Die Dämchen sind rosig erhitzet;
Sie lüften das Mieder mit Übermut,
Ich glaube, sie sind bespitzet.

Die Schulter wie weiß, die Brüstchen wie nett!
Mein Herz erbebet vor Schrecken.
Nun werfen sie lachend sich aufs Bett,
Und hüllen sich ein mit den Decken.

Sie ziehen nun gar die Gardinen vor,
Und schnarchen am End um die Wette.
Da steh ich im Zimmer ein einsamer Tor,
Betrachte verlegen das Bette.

IV.

Jugend, die mir täglich schwindet,
Wird durch raschen Mut ersetzt,
Und mein kühnrer Arm umwindet
Noch viel schlankre Hüften jetzt.

Tat auch manche sehr erschrocken,
Hat sie doch sich bald gefügt;
Holder Zorn, verschämtes Stocken
Wird von Schmeichelei besiegt.

Doch, wenn ich den Sieg genieße,
Fehlt das Beste mir dabei.
Ist es die verschwundne, süße,
Blöde Jugendeselei?

Schöpfungslieder

I.

Im Beginn schuf Gott die Sonne,
Dann die nächtlichen Gestirne;
Hierauf schuf er auch die Ochsen,
Aus dem Schweiße seiner Stirne.

Später schuf er wilde Bestien,
Löwen mit den grimmen Tatzen;
Nach des Löwen Ebenbilde
Schuf er hübsche kleine Katzen.

Zur Bevölkerung der Wildnis
Ward hernach der Mensch erschaffen;
Nach des Menschen holdem Bildnis
Schuf er intressante Affen.

Satan sah dem zu und lachte:
Ei, der Herr kopiert sich selber!

Nach dem Bilde seiner Ochsen
Macht er noch am Ende Kälber!

II.

Und der Gott sprach zu dem Teufel:
Ich, der Herr, kopier mich selber,
Nach der Sonne mach ich Sterne,
Nach den Ochsen mach ich Kälber,
Nach den Löwen mit den Tatzen
Mach ich kleine liebe Katzen,
Nach den Menschen mach ich Affen;
Aber du kannst gar nichts schaffen.

III.

Ich hab mir zu Ruhm und Preis erschaffen
Die Menschen, Löwen, Ochsen, Sonne;
Doch Sterne, Kälber, Katzen, Affen
Erschuf ich zu meiner eigenen Wonne.

V.

Sprach der Herr am sechsten Tage:
Hab am Ende nun vollbracht
Diese große, schöne Schöpfung,
Und hab alles gut gemacht.

Wie die Sonne rosengoldig
In dem Meere widerstrahlt!
Wie die Bäume grün und glänzend!
Ist nicht Alles wie gemalt?

Sind nicht weiß wie Alabaster
Dort die Lämmchen auf der Flur?
Ist sie nicht so schön vollendet
Und natürlich die Natur?

Erd und Himmel sind erfüllet
Ganz von meiner Herrlichkeit,
Und der Mensch, er wird mich loben
Bis in alle Ewigkeit!

VI.

Der Stoff, das Material des Gedichts,
Das saugt sich nicht aus dem Finger;
Kein Gott erschafft die Welt aus nichts,
So wenig wie irdische Singer.

Aus vorgefundenem Urweltsdreck
Erschuf ich die Männerleiber,
Und aus dem Männerrippenspeck
Erschuf ich die schönen Weiber.

Den Himmel erschuf ich aus der Erd
Und Engel aus Weiberentfaltung;
Der Stoff gewinnt erst seinen Wert
Durch künstlerische Gestaltung.

VII.

Warum ich eigentlich erschuf
Die Welt, ich will es gern bekennen:
Ich fühlte in der Seele brennen
Wie Flammenwahnsinn, den Beruf.

Krankheit ist wohl der letzte Grund
Des ganzen Schöpferdrangs gewesen;
Erschaffend konnte ich genesen,
Erschaffend wurde ich gesund.

IV. Zur Ollea

VIII. Helena

Du hast mich beschworen aus dem Grab
Durch deinen Zauberwillen,
Belebtest mich mit Wollustglut –
Jetzt kannst du die Glut nicht stillen.

Preß deinen Mund an meinen Mund,
Der Menschen Odem ist göttlich!
Ich trinke deine Seele aus,
Die Toten sind unersättlich.

X. Die Engel

Freilich, ein ungläubger Thomas,
Glaub ich an den Himmel nicht,
Den die Kirchenlehre Romas
Und Jerusalems verspricht.

Doch die Existenz der Engel,
Die bezweifelte ich nie;
Lichtgeschöpfe sonder Mängel,
Hier auf Erden wandeln sie.

Nur, genädge Frau, die Flügel
Sprech ich jenen Wesen ab;
Engel gibt es ohne Flügel,
Wie ich selbst gesehen hab.

Lieblich mit den weißen Händen,
Lieblich mit dem schönen Blick
Schützen sie den Menschen, wenden
Von ihm ab das Missgeschick.

Ihre Huld und ihre Gnaden
Trösten jeden, doch zumeist
Ihn, der doppelt qualbeladen,
Ihn, den man den Dichter heißt.

V. Zeitgedichte

II. Adam der Erste

Du schicktest mit dem Flammenschwert
Den himmlischen Gendarmen,
Und jagtest mich aus dem Paradies,
Ganz ohne Recht und Erbarmen!

Ich ziehe fort mit meiner Frau
Nach andren Erdenländern;
Doch dass ich genossen des Wissens Frucht,
Das kannst du nicht mehr ändern.

Du kannst nicht ändern, dass ich weiß,
Wie sehr du klein und nichtig,

Und machst du dich auch noch so sehr
Durch Tod und Donnern wichtig.

O Gott! wie erbärmlich ist doch dies
Consilium-abeundi!
Das nenne ich einen Magnifikus
Der Welt, ein Lumen-Mundi!

Vermissen werde ich nimmermehr
Die paradiesischen Räume;
Das war kein wahres Paradies –
Es gab dort verbotene Bäume.

Ich will mein volles Freiheitsrecht!
Find ich die gringste Beschränknis,
Verwandelt sich mir das Paradies
In Hölle und Gefängnis.

VIII. Entartung

Hat die Natur sich auch verschlechtert,
Und nimmt sie Menschenfehler an?
Mich dünkt, die Pflanzen und die Tiere,
Sie lügen jetzt wie jedermann.

Ich glaub nicht an der Lilje Keuschheit,
Es buhlt mit ihr der bunte Geck,
Der Schmetterling; er küsst und flattert
Am End mit ihrer Unschuld weg.

Von der Bescheidenheit der Veilchen
Halt ich nicht viel. Die kleine Blum,

Mit den koketten Düften lockt sie,
Und heimlich dürstet sie nach Ruhm.

Ich zweifle auch, ob sie empfindet,
Die Nachtigall, das was sie singt;
Sie übertreibt und schluchzt und trillert
Nur aus Routine, wie mich dünkt.

Die Wahrheit schwindet von der Erde,
Auch mit der Treu ist es vorbei.
Die Hunde wedeln noch und stinken
Wie sonst, doch sind sie nicht mehr treu.

XV. Verheißung

Nicht mehr barfuß sollst du traben,
Deutsche Freiheit, durch die Sümpfe,
Endlich kommst du auf die Strümpfe,
Und auch Stiefeln sollst du haben!

Auf dem Haupte sollst du tragen
Eine warme Pudelmütze,
Dass sie dir die Ohren schütze
In den kalten Wintertagen.

Du bekommst sogar zu essen –
Eine große Zukunft naht dir! –
Lass dich nur vom welschen Satyr
Nicht verlocken zu Exzessen!

Werde nur nicht dreist und dreister!
Setz nicht den Respekt beiseiten

Vor den hohen Obrigkeiten
Und dem Herren Bürgermeister!

XX. Zur Beruhigung

Wir schlafen ganz, wie Brutus schlief –
Doch jener erwachte und bohrte tief
In Cäsars Brust das kalte Messer!
Die Römer waren Tyrannenfresser.

Wir sind keine Römer, wir rauchen Tabak.
Ein jedes Volk hat seinen Geschmack,
Ein jedes Volk hat seine Größe;
In Schwaben kocht man die besten Klöße.

Wir sind Germanen, gemütlich und brav,
Wir schlafen gesunden Pflanzenschlaf,
Und wenn wir erwachen, pflegt uns zu dürsten
Doch nicht nach dem Blute unserer Fürsten.

Wir sind so treu wie Eichenholz,
Auch Lindenholz, drauf sind wir stolz;
Im Land der Eichen und der Linden
Wird niemals sich ein Brutus finden.

Und wenn auch ein Brutus unter uns wär,
Den Cäsar fänd er nimmermehr,
Vergeblich würd er den Cäsar suchen;
Wir haben gute Pfefferkuchen.

Wir haben sechsunddreißig Herrn
(Ist nicht zuviel!), und einen Stern
Trägt jeder schützend auf seinem Herzen,

Und er braucht nicht zu fürchten die Iden des
Märzen.

Wir nennen sie Väter, und Vaterland
Benennen wir dasjenige Land,
Das erbeigentümlich gehört den Fürsten;
Wir lieben auch Sauerkraut mit Würsten.

Wenn unser Vater spazierengeht,
Ziehn wir den Hut mit Pietät;
Deutschland, die fromme Kinderstube,
Ist keine römische Mördergrube.

XXII. Erleuchtung

Michel! fallen dir die Schuppen
Von den Augen? Merkst du itzt,
Dass man dir die besten Suppen
Vor dem Maule wegstibitzt?

Als Ersatz ward dir versprochen
Reinverklärte Himmelsfreud
Droben, wo die Engel kochen
Ohne Fleisch die Seligkeit!

Michel! wird dein Glaube schwächer
Oder stärker dein Apptit?
Du ergreifst den Lebensbecher,
Und du singst ein Heidenlied!

Michel! fürchte nichts und labe
Schon hienieden deinen Wanst,

Später liegen wir im Grabe,
Wo du still verdauen kannst.

XXIII. Wartet nur

Weil ich so ganz vorzüglich blitze,
Glaubt ihr, dass ich nicht donnern könnt!
Ihr irrt euch sehr, denn ich besitze
Gleichfalls fürs Donnern ein Talent.

Es wird sich grausenhaft bewähren,
Wenn einst erscheint der rechte Tag;
Dann sollt ihr meine Stimme hören,
Das Donnerwort, den Wetterschlag.

Gar manche Eiche wird zersplittern
An jenem Tag der wilde Sturm,
Gar mancher Palast wird erzittern
Und stürzen mancher Kirchenturm!

XXIV. Nachtgedanken

Denk ich an Deutschland in der Nacht,
Dann bin ich um den Schlaf gebracht,
Ich kann nicht mehr die Augen schließen.
Und meine heißen Tränen fließen.

Die Jahre kommen und vergehn!
Seit ich die Mutter nicht gesehn,
Zwölf Jahre sind schon hingegangen;
Es wächst mein Sehnen und Verlangen.

Mein Sehnen und Verlangen wächst.
Die alte Frau hat mich behext,
Ich denke immer an die alte,
Die alte Frau, die Gott erhalte!

Die alte Frau hat mich so lieb,
Und in den Briefen, die sie schrieb,
Seh ich, wie ihre Hand gezittert,
Wie tief das Mutterherz erschüttert.

Die Mutter liegt mir stets im Sinn.
Zwölf lange Jahre flossen hin,
Zwölf lange Jahre sind verflossen,
Seit ich sie nicht ans Herz geschlossen.

Deutschland hat ewigen Bestand,
Es ist ein kerngesundes Land;
Mit seinen Eichen, seinen Linden,
Werd ich es immer wiederfinden.

Nach Deutschland lechzt ich nicht so sehr,
Wenn nicht die Mutter dorten wär;
Das Vaterland wird nie verderben,
Jedoch die alte Frau kann sterben.

Seit ich das Land verlassen hab,
So viele sanken dort ins Grab,
Die ich geliebt – wenn ich sie zähle,
So will verbluten meine Seele.

Und zählen muss ich – Mit der Zahl
Schwillt immer höher meine Qual,

Mir ist, als wälzten sich die Leichen
Auf meine Brust – Gottlob! sie weichen!

Gottlob! durch meine Fenster bricht
Französisch heitres Tageslicht;
Es kommt mein Weib, schön wie der Morgen,
Und lächelt fort die deutschen Sorgen.

ROMANZERO.
AUSGEWÄHLTE GEDICHTE

(1851)

Lamentationen

Mythologie

Ja, Europa ist erlegen –
Wer kann Ochsen widerstehen?
Wir verzeihen auch Danäen –
Sie erlag dem goldnen Regen!

Semele ließ sich verführen –
Denn sie dachte: eine Wolke,
Ideale Himmelswolke,
Kann uns nicht kompromittieren.

Aber tief muss uns empören
Was wir von der Leda lesen –
Welche Gans bist du gewesen,
Dass ein Schwan dich konnt betören!

Alte Rose

Eine Rosenknospe war
Sie, für die mein Herze glühte;
Doch sie wuchs, und wunderbar
Schoss sie auf in voller Blüte.

Ward die schönste Ros im Land,
Und ich wollt die Rose brechen,
Doch sie wusste mich pikant
Mit den Dornen fortzustechen.

Jetzt, wo sie verwelkt, zerfetzt
Und verklatscht von Wind und Regen
Liebster Heinrich bin ich jetzt,
Liebend kommt sie mir entgegen.

Heinrich hinten, Heinrich vorn,
Klingt es jetzt mit süßen Tönen;
Sticht mich jetzt etwa ein Dorn,
Ist es an dem Kinn der Schönen.

Allzu hart die Borsten sind,
Die des Kinnes Wärzchen zieren –
Geh ins Kloster, liebes Kind,
Oder lasse dich rasieren.

In Mathildens Stammbuch

Hier, auf gewalkten Lumpen, soll ich
Mit einer Spule von der Gans
Hinkritzeln ernsthaft halb, halb drollig,
Versifizierten Firlefanz –

Ich, der gewohnt mich auszusprechen
Auf deinem schönen Rosenmund,
Mit Küssen, die wie Flammen brechen
Hervor aus tiefstem Herzensgrund!

O Modewut! Ist man ein Dichter,
Quält uns die eigne Frau zuletzt,
Bis man, wie andre Sangeslichter,
Ihr einen Reim ins Album setzt.

Zum Hausfrieden

Viele Weiber, viele Flöhe,
Viele Flöhe, vieles Jucken –
Tun sich heimlich dir ein Wehe,
Darfst du dennnoch dich nicht mucken.

Denn sie rächen, schelmisch lächelnd,
Sich zur Nachtzeit – Willst du drücken
Sie ans Herze, lieberöchelnd,
Ach, da drehn sie dir den Rücken.

AUSGEWÄHLTE GEDICHTE AUS DEM NACHLASS

I. 1812–1827

Die Ungeduld

Es treibt mich hin, es treibt mich her!
Noch wenige Stunden, dann soll ich sie schauen,
Sie selber, die Schönste der schönen Jungfrauen;
Du treues Herz, was pochst du so schwer!

Die Stunden sind aber ein faules Volk!
Schleppen sich behaglich träge,
Schleichen gähnend ihre Wege;
Tummle dich, du faules Volk!

Tobende Eile mich treibend erfasst!
Aber wohl niemals liebten die Horen;
Heimlich im grausamen Bunde verschworen,
Spotten sie tückisch der Liebenden Hast.

Himmlisch war's, wenn ich bezwang

Himmlisch war's, wenn ich bezwang
Meine sündige Begier,
Aber wenns mir nicht gelang,
Hatt ich doch ein groß Pläsier.

In den Küssen welche Lüge

In den Küssen welche Lüge!
Welche Wonne in dem Schein!
Ach, wie süß ist das Betrügen,
Süßer das Betrogensein!

Liebchen, wie du dich auch wehrest,
Weiß ich doch, was du erlaubst;
Glauben will ich, was du schwörest,
Schwören will ich, was du glaubst.

II. 1828 – 1844

Die schlesischen Weber

Im düstern Auge keine Träne,
Sie sitzen am Webstuhl und fletschen die Zähne:
Deutschland, wir weben dein Leichentuch,
Wir weben hinein den dreifachen Fluch –
Wir weben, wir weben!

Ein Fluch dem Gotte, zu dem wir gebeten
In Winterskälte und Hungersnöten;
Wir haben vergebens gehofft und geharrt,
Er hat uns geäfft und gefoppt und genarrt –
Wir weben, wir weben!

Ein Fluch dem König, dem König der Reichen,
Den unser Elend nicht konnte erweichen,
Der den letzten Groschen von uns erpresst
Und uns wie Hunde erschießen lässt –
Wir weben, wir weben!

Ein Fluch dem falschen Vaterlande,
Wo nur gedeihen Schmach und Schande,
Wo jede Blume früh geknickt,
Wo Fäulnis und Moder den Wurm erquickt –
Wir weben, wir weben!

Das Schiffchen fliegt, der Webstuhl kracht,
Wir weben emsig Tag und Nacht –
Altdeutschland, wir weben dein Leichentuch,
Wir weben hinein den dreifachen Fluch,
Wir weben, wir weben!

Aus einem »Kitty«–Zyklus

XI.

Er ist so herzbeweglich,
Der Brief den sie geschrieben:
Sie werde mich ewig lieben,
Ewig, unendlich, unsäglich.

Sie ennuyiere sich täglich,
Ihr sei die Brust beklommen –
»Du musst herüberkommen
Nach England, so bald als möglich.«

III. 1845 – 1856

Das Hohelied

Des Weibes Leib ist ein Gedicht,
Das Gott der Herr geschrieben
Ins große Stammbuch der Natur,
Als ihn der Geist getrieben.

Ja, günstig war die Stunde ihm,
Der Gott war hochbegeistert;
Er hat den spröden, rebellischen Stoff
Ganz künstlerisch bemeistert.

Fürwahr, der Leib des Weibes ist
Das Hohelied der Lieder;
Gar wunderbare Strophen sind
Die schlanken, weißen Glieder.

O welche göttliche Idee
Ist dieser Hals, der blanke,
Worauf sich wiegt der kleine Kopf,
Der lockige Hauptgedanke!

Der Brüstchen Rosenknospen sind
Epigrammatisch gefeilet;

Unsäglich entzückend ist die Zäsur,
Die streng den Busen teilet.

Den plastischen Schöpfer offenbart
Der Hüften Parallele;
Der Zwischensatz mit dem Feigenblatt
Ist auch eine schöne Stelle.

Das ist kein abstraktes Begriffspoem!
Das Lied hat Fleisch und Rippen,
Hat Hand und Fuß; es lacht und küsst
Mit schön gereimten Lippen.

Hier atmet wahre Poesie!
Anmut in jeder Wendung!
Und auf der Stirne trägt das Lied
Den Stempel der Vollendung.

Lobsingen will ich dir, o Herr,
Und dich im Staub anbeten!
Wir sind nur Stümper gegen dich,
Den himmlischen Poeten.

Versenken will ich mich, o Herr,
In deines Liedes Prächten;
Ich widme seinem Studium
Den Tag mitsamt den Nächten.

Ja, Tag und Nacht studier ich dran,
Will keine Zeit verlieren;
Die Beine werden mir so dünn –
Das kommt vom vielen Studieren.

Citronia

Das war in jener Kinderzeit,
Als ich noch trug ein Flügelkleid
Und in die Kinderschule ging,
Wo ich das Abc anfing –
Ich war das einzge kleine Bübchen
In jenem Vogelkäfigstübchen,
Ein Dutzend Mädchen allerliebst
Wie Vöglein haben dort gepiepst,
Gezwitschert und getiriliert,
Auch ganz erbärmlich buchstabiert.
Frau Hindermans im Lehnstuhl saß,
Die Brille auf der langen Nas
(Ein Eulenschnabel wars vielmehr),
Das Köpflein wackelnd hin und her,
Und in der Hand die Birkenrut,
Womit sie schlug die kleine Brut,
Das weinend kleine arme Ding,
Das harmlos einen Fehl beging
Das Röcklein wurde aufgehoben
Nach hinten, und die kleinen Globen,
Die dort sich wölben, rührend schön,
Manchmal wie Rosen anzusehn,
Manchmal wie Lilien, wie die gelben
Violen manchmal, ach! dieselben
Sie wurden von der alten Frau
Geschlagen, bis sie braun und blau!
Misshandelt und beschimpft zu werden,
Das ist des Schönen Los auf Erden.

Citronia hab ich genannt
Das wunderbare Zauberland,

Das ich einst bei der Hindermans
Erblickt im goldnen Sonnenglanz –
Es war so zärtlich ideal,
Zitronenfarbig und oval,
So anmutvoll und freundlich mild
Und stolz empört zugleich – dein Bild,
Du erste Blüte meiner Minne!
Es kam mir niemals aus dem Sinne.
Das Kind ward Jüngling und jetzunder
Bin ich ein Mann sogar – o Wunder,
Der goldne Traum der Kinderzeit
Taucht wieder auf in Wirklichkeit!
Was ich gesucht die Kreuz und Quer,
Es wandelt leiblich vor mir her,
Ich hauche ein der holden Nähe
Gewürzten Odem – doch, o wehe!
Ein Vorhang von schwarzbrauner Seide
Raubt mir die süße Augenweide!
Der dumme Lappen, der so dünne
Wie das Gewebe einer Spinne,
Verhüllet mir die Gloria
Des Zauberlands Citronia!

Ich bin wie König Tantalus,
Mich lockt und neckt zugleich Genuss:
Der Trunk, wonach die Lippen dürsten.
Entgleitet mir wie jenem Fürsten;
Die Frucht, die ich genösse gern,
Sie ist mir nah und doch so fern!
Ein Fluch dem Wurme, welcher spann
Die Seide, und ein Fluch dem Mann,
Dem Weber, welcher wob den Taft,
Woraus der dunkle schauderhaft

Infame Vorhang ward gemacht,
Der mir verfinstert alle Pracht
Und allen goldnen Sonnenglanz
Citronias, des Zauberlands.
Manchmal mit toller Fieberglut
Fasst mich ein Wahnsinnsübermut.
O die verwünschte Scheidewand!
Es treibt mich dann, mit kecker Hand
Die seidne Hülle abzustreifen,
Nach meinem nackten Glück zu greifen.
Jedoch aus allerlei Rücksichten
Muss ich auf solche Tat verzichten.
Auch ist dergleichen Dreistigkeit
Nicht mehr im Geiste unsrer Zeit –
Es heiligt jetzt der Sitte Codex
Die Unantastbarkeit des Podex.

IV. 1853

Die Launen der Verliebten

(Eine wahre Geschichte, nach ältern
Dokumenten wieder erzählt und
aufs neue in schöne deutsche Reime gebracht)

Der Käfer saß auf dem Zaun, betrübt;
Er hat sich in eine Fliege verliebt.

Du bist, o Fliege meiner Seele,
Die Gattin, die ich auserwähle.

Heirate mich und sei mir hold!
Ich hab einen Bauch von eitel Gold.

Mein Rücken ist eine wahre Pracht;
Da flammt der Rubin, da glänzt der Smaragd.

O dass ich eine Närrin wär!
Ein'n Käfer nehm ich nimmermehr.

Mich lockt nicht Gold, Rubin und Smaragd;
Ich weiß, dass Reichtum nicht glücklich macht.

Nach Idealen schwärmt mein Sinn,
Weil ich eine stolze Fliege bin. –

Der Käfer flog fort mit großem Grämen;
Die Fliege ging ein Bad zu nehmen.

Wo ist denn meine Magd, die Biene,
Dass sie beim Waschen mich bediene;

Dass sie mir streichle die feine Haut,
Denn ich bin eines Käfers Braut.

Wahrhaftig, ich mach eine große Partie;
Viel schöneren Käfer gab es nie.

Sein Rücken ist eine wahre Pracht;
Da flammt der Rubin, da glänzt der Smaragd.

Sein Bauch ist gülden, hat noble Züge;
Vor Neid wird bersten gar manche Schmeißfliege.

Spute dich, Bienchen, und frisier mich,
Und schnüre die Taille und parfümier mich;

Reib mich mit Rosenessenzen, und gieße
Lavendelöl auf meine Füße,

Damit ich gar nicht stinken tu,
Wenn ich in des Bräutigams Armen ruh.

Schon flirten heran die blauen Libellen,
Und huldigen mir als Ehrenmamsellen.

Sie winden mir in den Jungfernkranz
Die weiße Blüte der Pomeranz.

Viel Musikanten sind eingeladen,
Auch Sängerinnen, vornehme Zikaden.

Rohrdommel und Horniß, Bremse und Hummel,
Die sollen trompeten und schlagen die Trummel;

Sie sollen aufspielen zum Hochzeitfest –
Schon kommen die bunt beflügelten Gäst,

Schon kommt die Familie, geputzt und munter,
Gemeine Insekten sind viele darunter.

Heuschrecken und Wespen, Muhmen und Basen,
Sie kommen heran – Die Trompeten blasen.

Der Pastor Maulwurf im schwarzen Ornat,
Da kommt er gleichfalls – es ist schon spat.

Die Glocken läuten, bim-bam, bim-bam –
Wo bleibt mein liebster Bräutigam? – –

Bim-bam, bim-bam, klingt Glockengeläute,
Der Bräutgam aber flog fort ins Weite.

Die Glocken läuten, bim-bam, bim-bam –
Wo bleibt mein liebster Bräutigam?

Der Bräutigam hat unterdessen
Auf einem fernen Misthaufen gesessen.

Dort blieb er sitzen sieben Jahr,
Bis dass die Braut verfaulet war.

II. Reisebilder

Ideen – das Buch le Grand

Kapitel I.

Sie war liebenswürdig, und er liebte sie; er aber war nicht liebenswürdig, und sie liebte ihn nicht.
Altes Stück

Madame, kennen Sie das alte Stück? Es ist ein ganz außerordent-
liches Stück, nur etwas zu sehr melancholisch. Ich hab mal die
Hauptrolle darin gespielt, und da weinten alle Damen, nur eine
einzige weinte nicht, nicht eine einzige Träne weinte sie, und das
war eben die Pointe des Stücks, die eigentliche Katastrophe –

O diese einzige Träne! sie quält mich noch immer in Gedanken;
der Satan, wenn er meine Seele verderben will, flüstert mir ins Ohr
ein Lied von dieser ungeweinten Träne, ein fatales Lied mit einer
noch fataleren Melodie – ach, nur in der Hölle hört man diese
Melodie! – – – – – – – – –

Wie man im Himmel lebt, Madame, können Sie sich wohl vorstellen, um so eher, da Sie verheuratet sind. Dort amüsiert man
sich ganz süperbe, man hat alle mögliche Vergnügungen, man
lebt in lauter Lust und Pläsier, so recht wie Gott in Frankreich.
Man speist von Morgen bis Abend, und die Küche ist so gut
wie die Jagorsche, die gebratenen Gänse fliegen herum mit den
Sauceschüsselchen im Schnabel und fühlen sich geschmeichelt,
wenn man sie verzehrt, butterglänzende Torten wachsen wild wie
Sonnenblumen, überall Bäche mit Bouillon und Champagner,
überall Bäume, woran Servietten flattern, und man speist und
wischt sich den Mund und speist wieder, ohne sich den Magen
zu verderben, man singt Psalmen, oder man tändelt und schäkert

mit den lieben, zärtlichen Engelein, oder man geht spazieren auf der grünen Hallelujawiese, und die weiß wallenden Kleider sitzen sehr bequem, und nichts stört da das Gefühl der Seligkeit, kein Schmerz, kein Missbehagen, ja sogar, wenn einer dem andern zufällig auf die Hühneraugen tritt und »Excusez!« ausruft, so lächelt dieser wie verklärt und versichert: »Dein Tritt, Bruder, schmerzt nicht, sondern, au contraire, mein Herz fühlt dadurch nur desto süßere Himmelswonne.«

Aber von der Hölle, Madame, haben Sie gar keine Idee. Von allen Teufeln kennen Sie vielleicht nur den kleinsten, das Beelzebübchen Amor, den artigen Croupier der Hölle, und diese selbst kennen Sie nur aus dem »Don Juan«, und für diesen Weiberbetrüger, der ein böses Beispiel gibt, dünkt sie Ihnen niemals heiß genug, obgleich unsere hochlöblichen Theaterdirektionen soviel Flammenspektakel, Feuerregen, Pulver und Kolophonium dabei aufgehen lassen, wie es nur irgend ein guter Christ in der Hölle verlangen kann.

Indessen, in der Hölle sieht es viel schlimmer aus, als unsere Theaterdirektoren wissen – sie würden auch sonst nicht so viele schlechte Stücke aufführen lassen –, in der Hölle ist es ganz höllisch heiß, und als ich mal in den Hundstagen dort war, fand ich es nicht zum Aushalten. Sie haben keine Idee von der Hölle, Madame. Wir erlangen dorther wenig offizielle Nachrichten. Dass die armen Seelen da drunten den ganzen Tag all die schlechten Predigten lesen müssen, die hier oben gedruckt werden – das ist Verleumdung. So schlimm ist es nicht in der Hölle, so raffinierte Qualen wird Satan niemals ersinnen. Hingegen Dantes Schilderung ist etwas zu mäßig, im ganzen allzu poetisch. Mir erschien die Hölle wie eine große bürgerliche Küche, mit einem unendlich langen Ofen, worauf drei Reihen eiserne Töpfe standen, und in diesen saßen die Verdammten und wurden gebraten. In der einen Reihe saßen die christlichen Sünder, und, sollte man es wohl glauben! ihre Anzahl war nicht allzu klein, und die Teufel schürten unter ihnen das Feuer mit besonderer Geschäftigkeit. In der anderen Reihe saßen die Juden, die beständig schrien und von den Teufeln zuweilen geneckt wurden, wie es sich denn gar possierlich ausnahm, als ein dicker, pustender Pfänderverleiher über allzu große Hitze klagte und ein Teufelchen ihm einige Eimer kaltes Wasser über den Kopf goss, damit er sähe, dass die Taufe eine wahre erfrischende Wohltat sei. In der dritten Reihe saßen die Heiden, die, ebenso wie die Juden, der Seligkeit nicht teilhaftig werden können und ewig brennen müssen. Ich hörte, wie einer derselben, dem ein vierschrötiger Teufel neue Kohlen unterlegte, gar unwillig aus dem Topfe hervorrief: »Schone meiner, ich war Sokrates, der weiseste der Sterblichen, ich habe Wahrheit und Gerechtigkeit gelehrt und mein Leben geopfert für die Tugend.« Aber der vierschrötige, dumme Teufel ließ sich in seinem Geschäfte nicht stören und brummte: »Ei was! alle Heiden müssen brennen, und wegen eines einzigen Menschen dürfen wir keine Ausnahme machen.« – – Ich versichere Sie, Madame, es war eine fürchterliche Hitze und ein Schreien, Seufzen, Stöhnen, Quäken, Greinen, Quirilieren – und durch all diese entsetzlichen Töne drang vernehmbar jene fatale Melodie des Liedes von der ungeweinten Träne.

Kapitel II.

Sie war liebenswürdig, und er liebte sie; er aber war nicht liebenswürdig, und sie liebte ihn nicht.
Altes Stück

Madame! das alte Stück ist eine Tragödie, obschon der Held darin weder ermordet wird noch sich selbst ermordet. Die Augen der Heldin sind schön, sehr schön – Madame, riechen Sie nicht Veilchenduft? –, sehr schön und doch so scharf geschliffen, dass sie mir wie gläserne Dolche durch das Herz drangen und gewiss aus

meinem Rücken wieder herausguckten – aber ich starb doch nicht
an diesen meuchelmörderischen Augen. Die Stimme der Heldin
ist auch schön – Madame, hörten Sie nicht eben eine Nachtigall schlagen? –, eine schöne, seidne Stimme, ein süßes Gespinst
der sonnigsten Töne, und meine Seele ward darin verstrickt und
würgte sich und quälte sich. Ich selbst – es ist der Graf vom Ganges, der jetzt spricht, und die Geschichte spielt in Venedig –, ich
selbst hatte mal dergleichen Quälereien satt, und ich dachte schon
im ersten Akte dem Spiel ein Ende zu machen und die Schellen-
kappe mitsamt dem Kopfe herunterzuschießen, und ich ging nach
einem Galanterieladen auf der Via Burstah, wo ich ein Paar schöne
Pistolen in einem Kasten ausgestellt fand – ich erinnere mich dessen noch sehr gut, es standen daneben viel freudige Spielsachen
von Perlemutter und Gold, eiserne Herzen an güldenen Kettlein,
Porzellantassen mit zärtlichen Devisen, Schnupftabaksdosen mit
hübschen Bildern, z.B. die göttliche Geschichte von der Susanna,
der Schwanengesang der Leda, der Raub der Sabinerinnen, die
Lucretia, das dicke Tugendmensch mit dem entblößten Busen,
in den sie sich den Dolch nachträglich hineinstößt, die selige
Bethmann, La belle ferronière, lauter lockende Gesichter – aber
ich kaufte doch die Pistolen, ohne viel zu dingen, und dann kauft
ich Kugeln, dann Pulver, und dann ging ich in den Keller des
Signor Unbescheiden und ließ mir Austern und ein Glas Rheinwein vorstellen –

   Essen konnt ich nicht und trinken noch viel weniger. Die heißen Tropfen fielen ins Glas, und im Glas sah ich die liebe Heimat,
den blauen, heiligen Ganges, den ewig strahlenden Himalaja, die
riesigen Banjanenwälder, in deren weiten Laubgängen die klugen Elefanten und die weißen Pilger ruhig wandelten, seltsam
träumerische Blumen sahen mich an, heimlich mahnend, goldne Wundervögel jubelten wild, flimmernde Sonnenstrahlen und
süßnärrische Laute von lachenden Affen neckten mich lieblich,
aus fernen Pagoden ertönten die frommen Priestergebete, und da-

zwischen klang die schmelzend klagende Stimme der Sultanin von Delhi – in ihrem Teppichgemache rannte sie stürmisch auf und nieder, sie zerriss ihren silbernen Schleier, sie stieß zu Boden die schwarze Sklavin mit dem Pfauenwedel, sie weinte, sie tobte, sie schrie – Ich konnte sie aber nicht verstehen, der Keller des Signor Unbescheiden ist 3000 Meilen entfernt vom Harem zu Delhi, und dazu war die schöne Sultanin schon tot seit 3000 Jahren – und ich trank hastig den Wein, den hellen, freudigen Wein, und doch wurde es in meiner Seele immer dunkler und trauriger – Ich war zum Tode verurteilt – – – – – – – – – – – – – – – – –

Als ich die Kellertreppe wieder hinaufstieg, hörte ich das Armesünderglöckchen läuten, die Menschenmenge wogte vorüber; ich aber stellte mich an die Ecke der Strada San Giovanni und hielt folgenden Monolog:

»In alten Märchen gibt es goldne Schlösser,
Wo Harfen klingen, schöne Jungfraun tanzen,
Und schmucke Diener blitzen, und Jasmin
Und Myrt' und Rosen ihren Duft verbreiten –
Und doch ein einziges Entzaubrungswort
Macht all die Herrlichkeit im Nu zerstieben,
Und übrig bleibt nur alter Trümmerschutt
Und krächzend Nachtgevögel und Morast.
So hab auch ich, mit einem einz'gen Worte,
Die ganze blühende Natur entzaubert.
Da liegt sie nun, leblos und kalt und fahl,
Wie eine aufgeputzte Königsleiche,
Der man die Backenknochen rot gefärbt
Und in die Hand ein Zepter hat gelegt.
Die Lippen aber schauen gelb und welk,
Weil man vergaß, sie gleichfalls rot zu schminken,
Und Mäuse springen um die Königsnase,
Und spotten frech des großen, goldnen Zepters.« –

Es ist allgemein rezipiert, Madame, dass man einen Monolog hält, ehe man sich totschießt. Die meisten Menschen benutzen bei solcher Gelegenheit das Hamletsche »Sein oder Nichtsein«. Es ist eine gute Stelle, und ich hätte sie hier auch gern zitiert – aber jeder ist sich selbst der Nächste, und hat man, wie ich, ebenfalls Tragödien geschrieben, worin solche Lebensabiturientenreden enthalten sind, z.B. den unsterblichen »Almansor«, so ist es sehr natürlich, dass man seinen eignen Worten, sogar vor den Shakespeareschen, den Vorzug gibt. Auf jeden Fall sind solche Reden ein sehr nützlicher Brauch; man gewinnt dadurch wenigstens Zeit – Und so geschah es, dass ich an der Ecke der Strada San Giovanni etwas lange stehen blieb – und als ich da stand, ein Verurteilter, der dem Tode geweiht war, da erblickte ich plötzlich sie!

Sie trug ihr blauseidnes Kleid und den rosaroten Hut, und ihr Auge sah mich an so mild, so todbesiegend, so lebenschenkend – Madame, Sie wissen wohl aus der römischen Geschichte, dass, wenn die Vestalinnen im alten Rom auf ihrem Wege einem Verbrecher begegneten, der zur Hinrichtung geführt wurde, so hatten sie das Recht, ihn zu begnadigen, und der arme Schelm blieb am Leben. – Mit einem einzigen Blick hat sie mich vom Tode gerettet, und ich stand vor ihr wie neubelebt, wie geblendet vom Sonnenglanze ihrer Schönheit, und sie ging weiter – und ließ mich am Leben.

Kapitel VII.

Den andern Tag war die Welt wieder ganz in Ordnung, und es war wieder Schule, nach wie vor, und es wurde wieder auswendig gelernt, nach wie vor – die römischen Könige, die Jahreszahlen, die Nomina auf -im, die verba irregularia, Griechisch, Hebräisch, Geografie, deutsche Sprache, Kopfrechnen – Gott! der Kopf schwindelt mir noch davon –, alles musste auswendig gelernt werden. Und manches davon kam mir in der Folge zustatten. Denn hätte ich

nicht die römischen Könige auswendig gewusst, so wäre es mir ja
späterhin ganz gleichgültig gewesen, ob Niebuhr bewiesen oder
nicht bewiesen hat, dass sie niemals wirklich existiert haben. Und
wusste ich nicht jene Jahrszahlen, wie hätte ich mich späterhin
zurechtfinden wollen in dem großen Berlin, wo ein Haus dem
andern gleicht, wie ein Tropfen Wasser oder wie ein Grenadier dem
andern, und wo man seine Bekannten nicht zu finden vermag,
wenn man nicht ihre Hausnummer im Kopfe hat; ich dachte mir
damals bei jedem Bekannten zugleich eine historische Begebenheit, deren Jahrszahl mit seiner Hausnummer übereinstimmte, so
dass ich mich dieser leicht erinnern konnte, wenn ich jener gedach-
te, und daher kam mir auch immer eine historische Begebenheit
in den Sinn, so bald ich einen Bekannten erblickte. So z.B. wenn
mir mein Schneider begegnete, dachte ich gleich an die Schlacht
bei Marathon, begegnete mir der wohlgeputzte Bankier Christian
Gumpel, so dachte ich gleich an die Zerstörung Jerusalems, erblickte ich einen stark verschuldeten portugiesischen Freund, so
dachte ich gleich an die Flucht Mahomets, sah ich den Univer-
sitätsrichter, einen Mann, dessen strenge Rechtlichkeit bekannt
ist, so dachte ich gleich an den Tod Hamans, sobald ich Wadzeck
sah, dachte ich gleich an die Kleopatra – Ach, lieber Himmel, das
arme Vieh ist jetzt tot, die Tränensäckchen sind vertrocknet, und
man kann mit Hamlet sagen: »Nehmt alles in allem, es war ein
altes Weib, wir werden noch oft seinesgleichen haben!« Wie gesagt,
die Jahrszahlen sind durchaus nötig, ich kenne Menschen, die gar
nichts als ein paar Jahrszahlen im Kopfe hatten und damit in Berlin
die rechten Häuser zu finden wussten und jetzt schon ordentli-
che Professoren sind. Ich aber hatte in der Schule meine Not mit
den vielen Zahlen! Mit dem eigentlichen Rechnen ging es noch
schlechter. Am besten begriff ich das Subtrahieren, und da gibt es
eine sehr praktische Hauptregel: »Vier von drei geht nicht, da muss
ich eins borgen« – ich rate aber jedem, in solchen Fällen immer
einige Groschen mehr zu borgen; denn man kann nicht wissen –

Was aber das Lateinische betrifft, so haben Sie gar keine Idee davon, Madame, wie das verwickelt ist. Den Römern würde gewiss nicht Zeit genug übrig geblieben sein, die Welt zu erobern, wenn sie das Latein erst hätten lernen sollen. Diese glücklichen Leute wussten schon in der Wiege, welche Nomina den Akkusativ auf -im haben. Ich hingegen musste sie im Schweiße meines Angesichts auswendig lernen; aber es ist doch immer gut, dass ich sie weiß. Denn hätte ich z.B. den 20. Juli 1825, als ich öffentlich in der Aula zu Göttingen lateinisch disputierte – Madame, es war der Mühe wert, zuzuhören –, hätte ich da sinapem statt sinapim gesagt, so würden es vielleicht die anwesenden Füchse gemerkt haben, und das wäre für mich eine ewige Schande gewesen. Vis, buris, sitis, tussis, cucumis, amussis, cannabis, sinapis – diese Wörter, die soviel Aufsehen in der Welt gemacht haben, bewirken dieses, indem sie sich zu einer bestimmten Klasse schlugen und dennoch eine Ausnahme blieben; deshalb achte ich sie sehr, und dass ich sie bei der Hand habe, wenn ich sie etwa plötzlich brauchen sollte, das gibt mir in manchen trüben Stunden des Lebens viel innere Beruhigung und Trost. Aber, Madame, die verba irregularia – sie unterscheiden sich von den verbis regularibus dadurch, dass man bei ihnen noch mehr Prügel bekömmt –, sie sind gar entsetzlich schwer. In den dumpfen Bogengängen des Franziskanerklosters, unfern der Schulstube, hing damals ein großer, gekreuzigter Christus von grauem Holze, ein wüstes Bild, das noch jetzt zuweilen des Nachts durch meine Träume schreitet und mich traurig ansieht mit starren, blutigen Augen – vor diesem Bilde stand ich oft und betete: »O du armer, ebenfalls gequälter Gott, wenn es dir nur irgend möglich ist, so sieh doch zu, dass ich die verba irregularia im Kopfe behalte.«

Vom Griechischen will ich gar nicht sprechen; ich ärgere mich sonst zu viel. Die Mönche im Mittelalter hatten so ganz unrecht nicht, wenn sie behaupteten, dass das Griechische eine Erfindung des Teufels sei. Gott kennt die Leiden, die ich dabei ausgestanden.

Mit dem Hebräischen ging es besser, denn ich hatte immer eine große Vorliebe für die Juden, obgleich sie, bis auf diese Stunde, meinen guten Namen kreuzigen; aber ich konnte es doch im Hebräischen nicht so weit bringen wie meine Taschenuhr, die viel intimen Umgang mit Pfänderverleihern hatte und dadurch manche jüdische Sitte annahm – z.B. des Sonnabends ging sie nicht – und die heilige Sprache lernte und sie auch späterhin grammatisch trieb; wie ich denn oft in schlaflosen Nächten mit Erstaunen hörte, dass sie beständig vor sich hin pickerte: katal, katalta, katalti – kittel, kittalta, kittalti – – pokat, pokadeti – pikat – pik – pik – –

Indessen von der deutschen Sprache begriff ich viel mehr, und die ist doch nicht so gar kinderleicht. Denn wir armen Deutschen, die wir schon mit Einquartierungen, Militärpflichten, Kopfsteuern und tausenderlei Abgaben genug geplagt sind, wir haben uns noch obendrein den Adelung aufgesackt und quälen uns einander mit dem Akkusativ und Dativ. Viel deutsche Sprache lernte ich vom alten Rektor Schallmeyer, einem braven geistlichen Herrn, der sich meiner von Kind auf annahm. Aber ich lernte auch etwas der Art von dem Professor Schramm, einem Manne, der ein Buch über den ewigen Frieden geschrieben hat und in dessen Klasse sich meine Mitbuben am meisten rauften.

Während ich in einem Zuge fortschrieb und allerlei dabei dachte, habe ich mich unversehens in die alten Schulgeschichten hineingeschwatzt, und ich ergreife diese Gelegenheit, um Ihnen zu zeigen, Madame, wie es nicht meine Schuld war, wenn ich von der Geografie so wenig lernte, dass ich mich späterhin nicht in der Welt zurechtzufinden wusste. Damals hatten nämlich die Franzosen alle Grenzen verrückt, alle Tage wurden die Länder neu illuminiert, die sonst blau gewesen, wurden jetzt plötzlich grün, manche wurden sogar blutrot, die bestimmten Lehrbuchseelen wurden so sehr vertauscht und vermischt, dass kein Teufel sie mehr erkennen konnte, die Landesprodukte änderten sich ebenfalls, Zichorien und Runkelrüben wuchsen jetzt, wo sonst nur

Hasen und hinterherlaufende Landjunker zu sehen waren, auch
die Charaktere der Völker änderten sich, die Deutschen wurden
gelenkig, die Franzosen machten keine Komplimente mehr, die
Engländer warfen das Geld nicht mehr zum Fenster hinaus, und
die Venezianer waren nicht schlau genug, unter den Fürsten gab
es viel Avancement, die alten Könige bekamen neue Uniformen,
neue Königtümer wurden gebacken und hatten Absatz wie frische
Semmel, manche Potentaten hingegen wurden von Haus und Hof
gejagt und mussten auf andre Art ihr Brot zu verdienen suchen,
und einige legten sich daher früh auf ein Handwerk und machten z.B. Siegellack oder – Madame, diese Periode hat endlich ein
Ende, der Atem wollte mir ausgehen –, kurz und gut, in solchen
Zeiten kann man es in der Geografie nicht weit bringen.

Da hat man es doch besser in der Naturgeschichte, da können
nicht so viele Veränderungen vorgehen, und da gibt es bestimmte
Kupferstiche von Affen, Känguruhs, Zebras, Nashornen usw. Weil
mir solche Bilder im Gedächtnisse blieben, geschah es in der Folge
sehr oft, dass mir manche Menschen beim ersten Anblick gleich
wie alte Bekannte vorkamen.

Auch in der Mythologie ging es gut. Ich hatte meine liebe Freude an dem Göttergesindel, das so lustig nackt die Welt regierte.
Ich glaube nicht, dass jemals ein Schulknabe im alten Rom die
Hauptartikel seines Katechismus, z.B. die Liebschaften der Venus,
besser auswendig gelernt hat als ich. Aufrichtig gestanden, da wir
doch einmal die alten Götter auswendig lernen mussten, so hätten
wir sie auch behalten sollen, und wir haben vielleicht nicht viel
Vorteil bei unserer neurömischen Dreigötterei oder gar bei unserem jüdischen Eingötzentum. Vielleicht war jene Mythologie im
Grunde nicht so unmoralisch, wie man sie verschrien hat, es ist
z.B. ein sehr anständiger Gedanke des Homers, dass er jener viel-
beliebten Venus einen Gemahl zur Seite gab.

Am allerbesten aber erging es mir in der französischen Klasse
des Abbé d'Aulnoi, eines emigrierten Franzosen, der eine Men-

ge Grammatiken geschrieben und eine rote Perücke trug und gar pfiffig umhersprang, wenn er seine Art poétique und seine Histoire allemande vortrug – Er war im ganzen Gymnasium der einzige, welcher deutsche Geschichte lehrte. Indessen, auch das Französische hat seine Schwierigkeiten, und zur Erlernung desselben gehört viel Einquartierung, viel Getrommel, viel apprendre par cœur, und vor allem darf man keine Bete allemande sein. Da gab es manches saure Wort, ich erinnere mich noch so gut, als wäre es erst gestern geschehen, dass ich durch la religion viel Unannehmlichkeiten erfahren. Wohl sechsmal erging an mich die Frage: »Henri, wie heißt der Glaube auf Französisch?« Und sechsmal und immer weinerlicher antwortete ich: »Das heißt le crédit.« Und beim siebenten Male, kirschbraun im Gesichte, rief der wütende Examinator: »Er heißt la religion« – und es regnete Prügel, und alle Kameraden lachten. Madame! seit der Zeit kann ich das Wort religion nicht erwähnen hören, ohne dass mein Rücken blass vor Schrecken und meine Wange rot vor Scham wird. Und ehrlich gestanden, le crédit hat mir im Leben mehr genützt als la religion – In diesem Augenblick fällt mir ein, dass ich dem Löwenwirt in Bologna noch fünf Taler schuldig bin – Und wahrhaftig, ich mache mich anheischig, dem Löwenwirt noch fünf Taler extra schuldig zu sein, wenn ich nur das unglückselige Wort la religion in diesem Leben nimmermehr zu hören brauche.

Parbleu, Madame! ich habe es im Französischen weit gebracht! Ich verstehe nicht nur Patois, sondern sogar adeliges Bonnenfranzösisch. Noch unlängst, in einer noblen Gesellschaft, verstand ich fast die Hälfte von dem Diskurs zweier deutschen Komtessen, wovon jede über vierundsechzig Jahr und ebenso viele Ahnen zählte. Ja, im »Café Royal« zu Berlin hörte ich einmal den Monsieur Hans Michel Martens französisch parlieren und verstand jedes Wort, obschon kein Verstand darin war. Man muss den Geist der Sprache kennen, und diesen lernt man am besten durch Trommeln. Parbleu! wieviel verdanke ich nicht dem französischen

Tambour, der so lange bei uns in Quartier lag und wie ein Teufel aussah und doch von Herzen so engelgut war und so ganz vorzüglich trommelte. [...]

Kapitel VIII.

Aber wie ward mir erst, als ich ihn selber sah, mit hochbegnadigten, eignen Augen ihn selber, Hosianna! den Kaiser.

Es war eben in der Allee des Hofgartens zu Düsseldorf. Als ich mich durch das gaffende Volk drängte, dachte ich an die Taten und Schlachten, die mir Monsieur Le Grand vorgetrommelt hatte, mein Herz schlug den Generalmarsch – und dennoch dachte ich zu gleicher Zeit an die Polizeiverordnung, dass man bei fünf Taler Strafe nicht mitten durch die Allee reiten dürfe. Und der Kaiser mit seinem Gefolge ritt mitten durch die Allee, die schauernden Bäume beugten sich vorwärts, wo er vorbeikam, die Sonnenstrahlen zitterten furchtsam neugierig durch das grüne Laub, und am blauen Himmel oben schwamm sichtbar ein goldner Stern. Der Kaiser trug seine scheinlose grüne Uniform und das kleine welthistorische Hütchen. Er ritt ein weißes Rösslein, und das ging so ruhig stolz, so sicher, so ausgezeichnet – wär ich damals Kronprinz von Preußen gewesen, ich hätte dieses Rösslein beneidet. Nachlässig, fast hängend, saß der Kaiser, die eine Hand hielt hoch den Zaum, die andere klopfte gutmütig den Hals des Pferdchens – Es war eine sonnig-marmorne Hand, eine mächtige Hand, eine von den beiden Händen, die das vielköpfige Ungeheuer der Anarchie gebändigt und den Völkerzweikampf geordnet hatten – und sie klopfte gutmütig den Hals des Pferdes. Auch das Gesicht hatte jene Farbe, die wir bei marmornen Griechen- und Römerköpfen finden, die Züge desselben waren ebenfalls edel gemessen, wie die der Antiken, und auf diesem Gesichte stand geschrieben: Du sollst keine Götter haben außer mir. Ein Lächeln, das jedes Herz erwärmte und beruhigte, schwebte um die Lippen – und doch wusste man, diese Lippen brauchten nur zu pfeifen – et la Prusse n'existait plus –, diese Lippen brauchten nur zu pfeifen – und die ganze Klerisei hatte ausgeklingelt –, diese Lippen brauchten nur zu pfeifen – und das ganze Heilige Römische Reich tanzte. Und diese Lippen lächelten, und auch das Auge lächelte – Es war ein Auge, klar wie der Himmel, es konnte lesen im Herzen der Menschen, es sah rasch auf einmal alle Dinge dieser Welt, während wir anderen sie nur nacheinander und nur ihre gefärbten Schatten sehen. Die Stirne war nicht so klar, es nisteten darauf die Geister zukünftiger Schlachten, und es zuckte bisweilen über dieser Stirn, und das waren die schaffenden Gedanken, die großen Siebenmeilenstiefelgedanken, womit der Geist des Kaisers unsichtbar über die Welt hinschritt – und ich glaube, jeder dieser Gedanken hätte einem deutschen Schriftsteller, zeit seines Lebens, vollauf Stoff zum Schreiben gegeben.

Der Kaiser ritt ruhig mitten durch die Allee, kein Polizeidiener widersetzte sich ihm, hinter ihm, stolz auf schnaubenden Rossen und belastet mit Gold und Geschmeide, ritt sein Gefolge, die Trommeln wirbelten, die Trompeten erklangen, neben mir drehte sich der tolle Alouisius und schnarrte die Namen seiner Generale, unferne brüllte der besoffene Gumpertz, und das Volk rief tausendstimmig: »Es lebe der Kaiser!«

Kapitel XII.

Die deutschen Zensoren –
– –
– –
– –
– – – – – – Dummköpfe –
– –
– –
– –

Kapitel XIV.

Madame, haben Sie überhaupt eine Idee von einer Idee? Was ist eine Idee? »Es liegen einige gute Ideen in diesem Rock«, sagte mein Schneider, indem er mit ernster Anerkennung den Oberrock betrachtete, der sich noch aus meinen berlinisch eleganten Tagen herschreibt und woraus jetzt ein ehrsamer Schlafrock gemacht werden sollte. Meine Wäscherin klagt, der Pastor S. habe ihrer Tochter Ideen in den Kopf gesetzt, und sie sei dadurch unklug geworden und wolle keine Vernunft mehr annehmen. Der Kutscher Pattensen brummt bei jeder Gelegenheit: »Das ist eine Idee! das ist eine Idee!« Gestern aber wurde er ordentlich verdrießlich, als ich ihn frug, was er sich unter einer Idee vorstelle. Und verdrießlich brummte er: »Nu, nu, eine Idee ist eine Idee! eine Idee ist alles dumme Zeug, was man sich einbildet.« In gleicher Bedeutung wird dieses Wort, als Buchtitel, von dem Hofrat Heeren in Göttingen gebraucht.

Der Kutscher Pattensen ist ein Mann, der auf der weiten Lüneburger Heide, in Nacht und Nebel, den Weg zu finden weiß; der Hofrat Heeren ist ein Mann, der ebenfalls mit klugem Instinkt die alten Karawanenwege des Morgenlands auffindet und dort schon seit Jahr und Tag so sicher und geduldig einherwandelt wie jemals ein Kamel des Altertums; auf solche Leute kann man sich verlassen, solchen Leuten darf man getrost nachfolgen, und darum habe ich dieses Buch »Ideen« betitelt.

Der Titel des Buches bedeutet daher ebensowenig als der Titel des Verfassers, er ward von demselben nicht aus gelehrtem Hochmut gewählt und darf ihm für nichts weniger als Eitelkeit ausgedeutet werden. Nehmen Sie die wehmütigste Versicherung, Madame, ich bin nicht eitel. Es bedarf dieser Bemerkung, wie Sie mitunter merken werden. Ich bin nicht eitel – Und wüchse ein Wald von Lorbeeren auf meinem Haupte und ergösse sich ein Meer von Weihrauch in mein junges Herz – ich würde doch

nicht eitel werden. Meine Freunde und übrigen Raum- und Zeit-
genossen haben treulich dafür gesorgt – Sie wissen, Madame, dass
alte Weiber ihre Pflegekinder ein bisschen anspucken, wenn man
die Schönheit derselben lobt, damit das Lob den lieben Kleinen
nicht schade – Sie wissen, Madame, wenn zu Rom der Triumpha-
tor, ruhmbekränzt und purpurgeschmückt, auf seinem goldnen
Wagen mit weißen Rossen vom Campo Martii einherfuhr, wie
ein Gott hervorragend aus dem feierlichen Zuge der Liktoren,
Musikanten, Tänzer, Priester, Sklaven, Elefanten, Trophäenträger,
Konsuln, Senatoren, Soldaten, dann sang der Pöbel hintendrein
allerlei Spottlieder – Und Sie wissen, Madame, dass es im lieben
Deutschland viel alte Weiber und Pöbel gibt.

Wie gesagt, Madame, die Ideen, von denen hier die Rede ist,
sind von den Platonischen ebensoweit entfernt wie Athen von
Göttingen, und Sie dürfen von dem Buche selbst ebensowenig
große Erwartungen hegen als von dem Verfasser selbst. Wahrlich,
wie dieser überhaupt jemals dergleichen Erwartungen erregen
konnte, ist mir ebenso unbegreiflich als meinen Freunden. Gräfin Julie will die Sache erklären und versichert wenn der besagte
Verfasser zuweilen etwas wirklich Geistreiches und Neugedachtes
ausspreche, so sei dies bloß Verstellung von ihm, und im Grunde
sei er ebenso dumm wie die übrigen. Das ist falsch, ich verstelle
mich gar nicht, ich spreche, wie mir der Schnabel gewachsen,
ich schreibe in aller Unschuld und Einfalt, was mir in den Sinn
kommt, und ich bin nicht daran schuld, wenn das etwas Gescheu-
tes ist. Aber ich habe nun mal im Schreiben mehr Glück als in der
Altonaer Lotterie – ich wollte, der Fall wäre umgekehrt –, und da
kommt aus meiner Feder mancher Herztreffer, manche Gedan-
kenquaterne, und das tut Gott; – denn ER, der den frömmsten
Elohasängern und Erbauungspoeten alle schöne Gedanken und
allen Ruhm in der Literatur versagt, damit sie nicht von ihren
irdischen Mitkreaturen zu sehr gelobt werden und dadurch des
Himmels vergessen, wo ihnen schon von den Engeln das Quartier

zurechtgemacht wird: – ER pflegt uns andre, profane, sündhafte, ketzerische Schriftsteller, für die der Himmel doch so gut wie vernagelt ist, desto mehr mit vorzüglichen Gedanken und Menschenruhm zu segnen, und zwar aus göttlicher Gnade und Barmherzigkeit, damit die arme Seele, die doch nun einmal erschaffen ist, nicht ganz leer ausgehe und wenigstens hienieden auf Erden einen Teil jener Wonne empfinde, die ihr dort oben versagt ist.

vid. Goethe und die Traktätchenverfasser.

Sie sehen also, Madame, Sie dürfen meine Schriften lesen, diese zeugen von der Gnade und Barmherzigkeit Gottes, ich schreibe im blinden Vertrauen auf dessen Allmacht, ich bin in dieser Hinsicht ein echt christlicher Schriftsteller, und, um mit Gubitz zu reden, während ich eben diese gegenwärtige Periode anfange, weiß ich noch nicht, wie ich sie schließe und was ich eigentlich sagen soll, und ich verlasse mich dafür auf den lieben Gott. Und wie könnte ich auch schreiben ohne diese fromme Zuversicht, in meinem Zimmer steht jetzt der Bursche aus der Langhoffschen Druckerei und wartet auf Manuskript, das kaum geborene Wort wandert warm und nass in die Presse, und was ich in diesem Augenblick denke und fühle, kann morgen Mittag schon Makulatur sein.

Sie haben leicht reden, Madame, wenn Sie mich an das Horazische »nonum prematur in annum« erinnern. Diese Regel mag, wie manche andere der Art, sehr gut in der Theorie gelten, aber in der Praxis taugt sie nichts. Als Horaz dem Autor die berühmte Regel gab, sein Werk neun Jahre im Pult liegen zu lassen, hätte er ihm auch zu gleicher Zeit das Rezept geben sollen, wie man neun Jahre ohne Essen zubringen kann. Als Horaz diese Regel ersann, saß er vielleicht an der Tafel des Mäcenas und aß Truthähne mit Trüffeln, Fasanenpudding in Wildbretsauce, Lerchenrippchen mit Teltower Rübchen, Pfauenzungen, indianische Vogelnester, und Gott weiß! was noch mehr, und alles umsonst. Aber wir, wir unglücklichen

Spätgebornen, wir leben in einer andern Zeit, unsere Mäzenaten haben ganz andere Prinzipien, sie glauben, Autoren und Mispeln gedeihen am besten, wenn sie einige Zeit auf dem Stroh liegen, sie glauben, die Hunde taugten nicht auf der Bilder- und Gedankenjagd, wenn sie zu dick gefüttert würden, ach! und wenn sie ja mal einen armen Hund füttern, so ist es der unrechte, der die Brocken am wenigsten verdient, z.B. der Dachs, der die Hand leckt, oder der winzige Bologneser, der sich in den duftigen Schoss der Hausdame zu schmiegen weiß, oder der geduldige Pudel, der eine Brotwissenschaft gelernt und apportieren, tanzen und trommeln kann – Während ich dieses schreibe, steht hinter mir mein kleiner Mops und bellt – Schweig nur, Ami, dich hab ich nicht gemeint, denn du liebst mich und begleitest deinen Herrn in Not und Gefahr und würdest sterben auf seinem Grabe, ebenso treu wie mancher andere deutsche Hund, der, in die Fremde verstoßen, vor den Toren Deutschlands liegt und hungert und wimmert – Entschuldigen Sie, Madame, dass ich eben abschweifte, um meinem armen Hunde eine Ehrenerklärung zu geben, ich komme wieder auf die Horazische Regel und ihre Unanwendbarkeit im neunzehnten Jahrhundert, wo die Poeten das Schürzenstipendium der Muse nicht entbehren können – Ma foi, Madame! ich könnte es keine vierundzwanzig Stunden, viel weniger neun Jahre aushalten, mein Magen hat wenig Sinn für Unsterblichkeit, ich hab mir's überlegt, ich will nur halb unsterblich und ganz satt werden, und wenn Voltaire dreihundert Jahre seines ewigen Nachruhms für eine gute Verdauung des Essens hingeben möchte, so biete ich das Doppelte für das Essen selbst. Ach! und was für schönes, blühendes Essen gibt es auf dieser Welt! Der Philosoph Pangloß hat recht; es ist die beste Welt! Aber man muss Geld in dieser besten Welt haben, Geld in der Tasche und nicht Manuskripte im Pult. Der Wirt im »König von England«, Herr Marr, ist selbst Schriftsteller und kennt auch die Horazische Regel, aber ich glaube nicht, dass er mir, wenn ich sie ausüben wollte, neun Jahr zu essen gäbe. […]

Die Bäder von Lucca – Lucca

Kapitel 9

… Du musst nämlich wissen, lieber Leser, dass der Marchese, dieser vornehme Mann, jetzt ein guter Katholik ist, dass er die Zeremonien der alleinseligmachenden Kirche streng ausübt, und sich, wenn er in Rom ist, sogar einen eignen Kapellan hält, aus demselben Grunde, weshalb er in England die besten Wettrenner und in Paris die schönste Tänzerin unterhielt.

»Herr Gumpel verrichtet jetzt sein Gebet« – flüsterte Hyazinth mit einem wichtigen Lächeln, und indem er nach dem Kabinette seines Herrn deutete, fügte er noch leiser hinzu: »So liegt er alle Abend zwei Stunden auf den Knieen vor der Primadonna mit dem Jesuskind. Es ist ein prächtiges Kunstbild, und es kostet ihm sechshundert Francesconis.«

»Und Sie, Herr Hyazinth, warum knieen Sie nicht hinter ihm? Oder sind Sie etwa kein Freund von der katholischen Religion?«

»Ich bin ein Freund davon, und bin auch wieder kein Freund davon«, antwortete jener mit bedenklichem Kopfwiegen. »Es ist eine gute Religion für einen vornehmen Baron, der den ganzen Tag müßig gehen kann, und für einen Kunstkenner; aber es ist keine Religion für einen Hamburger, für einen Mann, der sein Geschäft hat, und durchaus keine Religion für einen Lottoriekollekteur. Ich muss jede Nummer, die gezogen wird, ganz exakt aufschreiben, und denke ich dann zufällig an Bum! Bum! Bum! an eine katholische Glock, oder schwebelt es mir vor den Augen, wie katholischer Weihrauch, und ich verschreib mich, und ich schreibe eine unrechte Zahl, so kann das größte Unglück daraus entstehen. Ich habe oft zu Herren Gumpel gesagt: ›Ew. Ex. sind ein reicher Mann und können katholisch sein soviel Sie wollen, und können sich den Verstand ganz katholisch einräuchern lassen, und können so dumm werden, wie eine katholische Glock, und Sie haben doch zu essen; ich aber bin ein Geschäftsmann, und muss meine sieben Sinne zusammenhalten, um was zu verdienen.‹

Herr Gumpel meint freilich, es sei nötig für die Bildung, und wenn ich nicht katholisch würde, verstände ich nicht die Bilder, die zur Bildung gehören, nicht den Johann v. Viehesel, den Corretschio, den Carratschio, den Carravatschio – aber ich habe immer gedacht, der Corretschio und Carratschio und Carravatschio können mir alle nichts helfen, wenn niemand mehr bei mir spielt, und ich komme dann in die Patschio. Dabei muss ich Ihnen auch gestehen, Herr Doktor, dass mir die katholische Religion nicht einmal Vergnügen macht, und als ein vernünftiger Mann müssen Sie mir recht geben. Ich sehe das Pläsier nicht ein, es ist eine Religion als wenn der liebe Gott, Gott bewahre, eben gestorben wäre, und es riecht dabei nach Weihrauch, wie bei einem Leichenbegängnis, und dabei brummt eine so traurige Begräbnismusik, dass man die Melancholik bekömmt – ich sage Ihnen, es ist keine Religion für einen Hamburger.«

»Aber, Herr Hyazinth, wie gefällt Ihnen denn die protestantische Religion?«

»Die ist mir wieder zu vernünftig, Herr Doktor, und gäbe es in der protestantischen Kirche keine Orgel, so wäre sie gar keine Religion. Unter uns gesagt, diese Religion schadet nichts und ist so rein wie ein Glas Wasser, aber, sie hilft auch nichts. Ich habe sie probiert und diese Probe kostet mich vier Mark vierzehn Schilling –«

»Wieso, mein lieber Herr Hyazinth?«

»Sehen, Herr Doktor, ich habe gedacht: das ist freilich eine sehr aufgeklärte Religion, und es fehlt ihr an Schwärmerei und Wunder; indessen, ein bisschen Schwärmerei muss sie doch haben, ein ganz klein Wunderchen muss sie doch tun können, wenn sie sich für eine honette Religion ausgeben will. Aber wer soll da Wunder tun, dacht ich, als ich mal in Hamburg eine protestantische Kirche besah, die

zu der ganz kahlen Sorte gehörte, wo nichts als braune Bänke und
weiße Wände sind, und an der Wand nichts als ein schwarz Täfelchen hängt, worauf ein halb Dutzend weiße Zahlen stehen. Du
tust dieser Religion vielleicht Unrecht, dacht ich wieder, vielleicht
können diese Zahlen ebensogut ein Wunder tun wie ein Bild von
der Mutter Gottes oder wie ein Knochen von ihrem Mann, dem
heiligen Joseph, und um der Sache auf den Grund zu kommen,
ging ich gleich nach Altona, und besetzte ebendiese Zahlen in der
Altonaer Lotterie, die Ambe besetzte ich mit acht Schilling, die
Terne mit sechs, die Quaterne mit vier, und die Quinterne mit
zwei Schilling – Aber, ich versichere Sie auf meine Ehre, keine
einzige von den protestantischen Nummern ist herausgekommen.
Jetzt wusste ich was ich zu denken hatte, jetzt dacht ich, bleibt mir
weg mit einer Religion die gar nichts kann, bei der nicht einmal
eine Ambe herauskommt – werde ich so ein Narr sein, auf diese
Religion, worauf ich schon vier Mark und vierzehn Schilling gesetzt
und verloren habe, noch meine ganze Glückseligkeit zu setzen?«

»Die altjüdische Religion scheint Ihnen gewiss viel zweckmä-
ßiger, mein Lieber?«

»Herr Doktor, bleiben Sie mir weg mit der altjüdischen Religion;
die wünsche ich nicht meinem ärgsten Feind. Man hat nichts als
Schimpf und Schande davon. Ich sage Ihnen, es ist gar keine Religion, sondern ein Unglück. Ich vermeide alles, was mich daran
erinnern könnte, und weil Hirsch ein jüdisches Wort ist und auf
deutsch Hyazinth heißt, so habe ich sogar den alten Hirsch laufen
lassen, und unterschreibe mich jetzt: Hyazinth, Kollekteur, Operateur und Taxator. Dazu habe ich noch den Vorteil, dass schon ein
H. auf meinem Petschaft steht und ich mir kein neues stechen zu
lassen brauche. Ich versichere Ihnen, es kommt auf dieser Welt viel
darauf an wie man heißt; der Name tut viel. Wenn ich mich unterschreibe: ›Hyazinth, Kollekteur, Operateur und Taxator‹, so klingt
das ganz anders als schriebe ich Hirsch schlechtweg, und man kann
mich dann nicht wie einen gewöhnlichen Lump behandeln.«

Italien – Die Stadt Lucca

Kapitel 4

Um gegen die katholischen Pfaffen zu schreiben, muss man auch ihre Gesichter kennen. Die Originalgesichter sieht man aber nur in Italien. Die deutschen katholischen Priester und Mönche sind bloß schlechte Nachahmungen, oft sogar Parodien der italienischen; eine Vergleichung derselben würde ebenso ausfallen, als wenn man römische oder florentinische Heiligenbilder vergleichen wollte mit jenen heuschrecklichen, frommen Fratzen, die etwa dem spießbürgerlichen Pinsel eines Nürrenberger Stadtmalers, oder gar der lieben Einfalt eines Gemütsbeflissenen aus der langhaarig christlich neudeutschen Schule, ihr trauriges Dasein verdanken.

Die Pfaffen in Italien haben sich schon längst mit der öffentlichen Meinung abgefunden, das Volk dort ist längst daran gewöhnt, die geistliche Würde von der unwürdigen Person zu unterscheiden, jene zu ehren, wenn auch diese verächtlich ist. Eben der Kontrast, den die idealen Pflichten und Ansprüche des geistlichen Standes und die unabweislichen Bedürfnisse der sinnlichen Natur bilden müssen, jener uralte, ewige Konflikt zwischen dem Geiste und der Materie, macht die italienischen Pfaffen zu stehenden Charakteren des Volkshumors, in Satiren, Liedern und Novellen...

ohne dass dadurch die Ehrfurcht, die man seinen Opferverrichtungen und seiner privilegierten Heiligkeit schuldig ist, im mindesten beeinträchtigt wird – ebensowenig wie ein Italiener mit minderer Andacht bei einem Priester Messe hört oder beichtet, den er noch tags zuvor betrunken im Straßenkote gefunden hat.

In Deutschland ist das anders, der katholische Priester will da nicht bloß seine Würde durch sein Amt, sondern auch sein Amt durch seine Person repräsentieren; und weil er es vielleicht anfangs mit seinem Berufe wirklich ganz ernsthaft gemeint hat, und er nachher, wenn seine Keuschheits- und Demutsgelübde etwas mit dem alten Adam kollidieren, sie dennoch nicht öffentlich verletzen will, ... so sucht er wenigstens den Schein eines heiligen Wandels zu bewahren. Daher Scheinheiligkeit, Heuchelei und gleißendes Frömmeln bei deutschen Pfaffen; bei den italienischen hingegen viel mehr Durchsichtigkeit der Maske, und eine gewisse feiste Ironie und behagliche Weltverdauung.

Doch was helfen solche allgemeine Reflexionen! Sie können dir wenig nutzen, lieber Leser, wenn du etwa Lust hättest gegen das katholische Pfaffentum zu schreiben. Zu diesem Zwecke muss man, wie gesagt, mit eignen Augen die Gesichter sehen, die dazugehören. Wahrlich, es ist nicht einmal hinreichend, wenn man sie im königlichen Opernhause zu Berlin gesehen hat. Der vorige Generalintendant tat zwar immer das Seinige, um den Krönungszug in der »Jungfrau von Orleans« so täuschend treu als möglich darzustellen, seinen Landsleuten die Idee einer Prozession zu veranschaulichen und ihnen Pfaffen von allen Couleuren vor Augen zu bringen. Doch das getreueste Kostüm kann nicht die Originalgesichter ersetzen, und vertrödelte man sogar noch extra 100000 Taler für goldne Bischofsmützen, festonierte Chorhemden, buntgestickte Messgewänder, und ähnlichen Kram – so würden doch die protestantisch vernünftigen Nasen, die unter jenen Bischofsmützen hervorprotestieren, die dünnen denkgläubigen Beine, die aus den weißen Spitzen dieser Chorhemden herausgucken, die aufgeklärten Bäuche, denen jene Messgewänder viel zu weit, alles würde unsereinen daran erinnern, dass keine katholische Geistliche, sondern Berliner Weltliche über die Bühne wandeln.

Ich habe oft darüber nachgedacht, ob der Generalintendant jenen Zug nicht viel besser darstellen und uns das Bild einer Prozession viel treuer vor Augen bringen könnte, wenn er die Rollen der katholischen Pfaffen nicht mehr von den gewöhnlichen Statisten, sondern von jenen protestantischen Geistlichen spielen ließe, die in der theologischen Fakultät, in der Kirchenzeitung und auf den Kanzeln am orthodoxesten gegen Vernunft, Weltlust, Gesenius und Teufeltum zu predigen wissen. Es würden dann Gesichter zum Vorschein kommen, deren pfäffisches Gepräge gewiss jenen Rollen viel täuschender entspräche. Ist es doch eine bekannte Bemerkung, dass die Pfaffen in der ganzen Welt, Rabbinen, Muftis, Dominikaner, Konsistorialräte, Popen, Bonzen, kurz das ganze diplomatische Korps Gottes, im Gesichte eine gewisse Familienähnlichkeit haben, wie man sie immer findet bei Leuten, die ein und dasselbe Gewerbe treiben.

Schneider, in der ganzen Welt, zeichnen sich aus durch Zartheit der Glieder, Metzger und Soldaten tragen wieder überall denselben farouschen Anstrich, Juden haben ihre eigentümlich ehrliche Miene, nicht weil sie von Abraham, Isaak und Jakob abstammen, sondern weil sie Kaufleute sind, und der Frankfurter christliche Kaufmann sieht dem Frankfurter jüdischen Kaufmanne ebenso ähnlich, wie ein faules Ei dem andern. Die geistlichen Kaufleute, solche die von Religionsgeschäften ihren Unterhalt gewinnen, erlangen daher auch im Gesichte eine Ähnlichkeit. Freilich, einige Nuancen entstehen durch die Art und Weise wie sie ihr Geschäft treiben.

Der katholische Pfaffe treibt es mehr wie ein Kommis, der in einer großen Handlung angestellt ist; die Kirche, das große Haus, dessen Chef der Papst ist, gibt ihm bestimmte Beschäftigung und dafür ein bestimmtes Salär; er arbeitet lässig, wie jeder, der nicht für eigne Rechnung arbeitet und viele Kollegen hat, und im großen Geschäftstreiben leicht unbemerkt bleibt – nur der Kredit des Hauses liegt ihm am Herzen, und noch mehr dessen Erhaltung, da er bei einem etwaigen Bankerotte seinen Lebensunterhalt verlöre.

Der protestantische Pfaffe hingegen ist überall selbst Prinzipal, und er treibt die Religionsgeschäfte für eigene Rechnung. Er treibt keinen Großhandel wie sein katholischer Gewerbsgenosse, son-

dern nur einen Kleinhandel; und da er demselben allein vorstehen
muss, darf er nicht lässig sein, er muss seine Glaubensartikel den
Leuten anrühmen, die Artikel seiner Konkurrenten herabsetzen,
und als echter Kleinhändler steht er in seiner Ausschnittbude, voll
von Gewerbsneid gegen alle großen Häuser, absonderlich gegen
das große Haus in Rom, das viele tausend Buchhalter und Pack-
knechte besoldet und seine Faktoreien hat in allen vier Weltteilen.

Solches hat nun freilich auch seine physiognomische Wirkun-
gen, aber diese sind doch nicht vom Parterre aus bemerkbar, die
Familienähnlichkeit in den Gesichtern katholischer und protestantischer Pfaffen bleibt doch in ihren Hauptzügen unverändert,
und wenn der Generalintendant die obenerwähnten Herren gut
bezahlt, so werden sie ihre Rolle, wie immer, recht täuschend
spielen. Auch ihr Gang wird zur Illusion beitragen; obgleich ein
feines, geübtes Auge wohl merkt, dass er sich von dem Gange
katholischer Priester und Mönche ebenfalls durch feine Nuancen
unterscheidet.

Ein katholischer Pfaffe wandelt einher als wenn ihm der Himmel gehöre; ein protestantischer Pfaffe hingegen geht herum als
wenn er den Himmel gepachtet habe.

Kapitel 7

»Sie schneiden ja ein verbissen gläubiges Gesicht, teurer Doktor«,
flüsterte Mylady, »ich habe Sie eben beobachtet, und verzeihen
Sie mir, wenn ich Sie etwa beleidige, Sie sahen aus wie ein guter
Christ.«

»Unter uns gesagt, das bin ich; ja, Christus –«

»Glauben Sie vielleicht ebenfalls, dass er ein Gott sei?«

»Das versteht sich, meine gute Mathilde. Es ist der Gott, den
ich am meisten liebe – nicht weil er so ein legitimer Gott ist,
dessen Vater schon Gott war und seit undenklicher Zeit die Welt
beherrschte: sondern weil er, obgleich ein geborener Dauphin

des Himmels, dennoch, demokratisch gesinnt, keinen höfischen
Zeremonialprunk liebt, weil er kein Gott einer Aristokratie von
geschorenen Schriftgelehrten und galonierten Lanzenknechten,
und weil er ein bescheidener Gott des Volks ist, ein Bürgergott,
un bon dieu citoyen. Wahrlich, wenn Christus noch kein Gott
wäre, so würde ich ihn dazu wählen, und viel lieber als einem
aufgezwungenen absoluten Gotte, würde ich ihm gehorchen, ihm,
dem Wahlgotte, dem Gotte meiner Wahl.«

Kapitel 8

Der Erzbischof, ein ernster Greis, las selber Messe, und ehrlich gestanden, nicht bloß ich, sondern einigermaßen auch Mylady, wir
wurden heimlich berührt von dem Geiste, der in dieser heiligen
Handlung wohnt, und von der Weihe des alten Mannes, der sie
vollzog; – ist ja doch jeder alte Mann, an und für sich, ein Priester
und die Zeremonien der katholischen Messe sind sie doch so uralt,
dass sie vielleicht das einzige sind, was sich aus dem Kindesalter
der Welt erhalten hat, und als Erinnerung an die ersten Vorfahren
aller Menschen unsere Pietät in Anspruch nimmt. »Sehen Sie,
Mylady«, sagte ich, »jede Bewegung, die Sie hier erblicken, die Art
des Zusammenlegens der Hände und des Ausbreitens der Arme,
dieses Knixen, dieses Händewaschen, dieses Beräuchertwerden,
dieser Kelch, ja die ganze Kleidung des Mannes, von der Mitra bis
zum Saume der Stola, alles dieses ist altägyptisch und Überbleibsel
eines Priestertums, von dessen wundersamem Wesen nur die ältes-
ten Urkunden etwas weniges berichten, eines frühesten Priestertums, das die erste Weisheit erforschte, die ersten Götter erfand,
die ersten Symbole bestimmte, und die junge Menschheit –«

»Zuerst betrog«, setzte Mylady bitteren Tones hinzu, »und ich
glaube, Doktor, aus dem frühesten Weltalter ist uns nichts übrig
geblieben als einige triste Formeln des Betrugs. Und sie sind noch
immer wirksam. Denn sehen Sie dort die stockfinsteren Gesich-

ter? und gar jenen Kerl, der dort auf seinen dummen Knien liegt und mit seinem aufgesperrten Maule so ultradumm aussieht?«

»Um des lieben Himmels willen!« begütigte ich leise, »was ist daran gelegen, dass dieser Kopf so wenig von der Vernunft erleuchtet ist? Was geht das uns an? Was irritiert Sie dabei? Sehen Sie doch täglich Ochsen, Kühe, Hunde, Esel, die ebenso dumm sind, ohne dass Sie durch solchen Anblick aus Ihrem Gleichmut aufgestört und zu unmutigen Äußerungen angeregt werden?«

»Ach, das ist was anderes«, fiel mir Mylady in die Rede, »diese Bestien tragen hinten Schwänze, und ich ärgere mich eben, dass ein Kerl, der ebenso bestialisch dumm ist, dennoch hinten keinen Schwanz hat.«

»Ja, das ist was andres, Mylady.«

Kapitel 9

Nach der Messe gab's noch allerlei zu schauen und zu hören, besonders die Predigt eines großen, vierstämmigen Mönchs, dessen befehlend kühnes, altrömisches Gesicht gegen die grobe Bettelkutte gar wundersam abstach, so dass der Mann aussah wie ein Imperator der Armut. Er predigte von Himmel und Hölle, und geriet zuweilen in die wütendste Begeistrung. Seine Schilderung des Himmels war ein bisschen barbarisch überladen, und es gab da viel Gold, Silber, Edelsteine, köstliche Speisen, und Weine von den besten Jahrgängen; dabei machte er ein so verklärt schlürfendes Gesicht, und er schob sich vor Wonne in der Kutte hin und her, wenn er, unter den Englein mit weißen Flüglein sich selber dachte als ein Englein mit weißen Flüglein.

Minder ergötzlich, ja sogar sehr praktisch ernsthaft war seine Schilderung der Hölle. Hier war der Mann weit mehr in seinem Elemente. Er eiferte besonders über die Sünder, die nicht mehr so recht christlich ans alte Feuer der Hölle glauben, und sogar wähnen, sie habe sich in neuerer Zeit etwas abgekühlt und werde

nächstens ganz und gar erlöschen. »Und wäre auch«, rief er, »die
Hölle am Erlöschen, so würde ich, ich mit meinem Atem, die
letzten glimmenden Kohlen wiederanfachen, dass sie wieder auf-
lodern sollten zu ihrer alten Flammenglut.« Hörte man nun die
Stimme, die gleich dem Nordwind diese Worte hervorheulte, sah
man dabei das brennende Gesicht, den roten, büffelstarken Hals,
und die gewaltigen Fäuste des Mannes, so hielt man jene höllische
Drohung für keine Hyperbel (Übertreibung).

„I like this man«, sagte Mylady.

»Da haben Sie recht«, antwortete ich, »auch mir gefällt er besser
als mancher unserer sanften, homöopathischen Seelenärzte, die 1/
10000 Vernunft in einen Eimer Moralwasser schütten, und uns
damit des Sonntags zur Ruhe predigen...

Ungläubige, die keinen Himmel glauben, sollten nicht Prose-
lyten machen; minder tadelnswert, sogar lobenswert ist die Pro-
selytenmacherei derjenigen Leute, die einen süperben Himmel
haben, und dessen Herrlichkeiten nicht selbstsüchtig allein genießen wollen, und deshalb ihre Nebenmenschen einladen dran
teilzunehmen, und sich nicht eher zufriedengeben, bis diese ihre
gütige Einladung angenommen...

Zu welchen Genüssen aber kann der Ungläubige jemanden
einladen?

...bei meinen Handlungen auf dieser Welt kümmert mich nicht
einmal die Existenz von Himmel und Hölle, ich bin zu groß und
zu stolz, als dass der Geiz nach himmlischen Belohnungen, oder
die Furcht vor höllischen Strafen mich leiten sollten. Ich strebe
nach dem Guten, weil es schön ist und mich unwiderstehlich an-
zieht, und ich verabscheue das Schlechte, weil es hässlich und mir
zuwider ist. Schon als Knabe, wenn ich den Plutarch las – und
ich lese ihn noch jetzt alle Abend im Bette und möchte dabei
manchmal aufspringen, und gleich Extrapost nehmen und ein
großer Mann werden – schon damals gefiel mir die Erzählung
von dem Weibe, das durch die Straßen Alexandriens schritt, in der

einen Hand einen Wasserschlauch, in der andern eine brennende Fackel tragend, und den Menschen zurief, dass sie mit dem Wasser die Hölle auslöschen und mit der Fackel den Himmel in Brand stecken wolle, damit das Schlechte nicht mehr aus Furcht vor Strafe unterlassen, und das Gute nicht mehr aus Begierde nach Belohnung ausgeübt werde. Alle unsre Handlungen sollen aus dem Quell einer uneigennützigen Liebe hervorsprudeln, gleichviel ob es eine Fortdauer nach dem Tode gibt oder nicht.«

Kapitel 11

Es ist nun mal nicht zu leugnen, dass die Spottlust, die Freude am Widerspruch der Dinge, etwas Bösartiges in sich trägt, statt dass der Ernst mehr mit den besseren Gefühlen verwandt ist – die Tugend, der Freiheitssinn und die Liebe selbst sind sehr ernsthaft. Indessen, es gibt Herzen, worin Scherz und Ernst, Böses und Heiliges, Glut und Kälte sich so abenteuerlich verbinden, dass es schwer wird darüber zu urteilen.

»Mylady, ich liebe keine Religionsverächterinnen. Schöne Frauen, die keine Religion haben, sind wie Blumen ohne Duft; sie gleichen jenen kalten, nüchternen Tulpen, die uns aus ihren chinesischen Porzellantöpfen so porzellanhaft ansehen, und wenn sie sprechen könnten, uns gewiss auseinandersetzen würden, wie sie ganz natürlich aus einer Zwiebel entstanden sind, wie es hinreichend sei, wenn man hienieden nur nicht übel riecht, und wie übrigens, was den Duft betrifft, eine vernünftige Blume gar keines Duftes bedarf.«

Schon bei dem Wort Tulpe geriet Mylady in die heftigsten Bewegungen, und während ich sprach, wirkte ihre Idiosynkrasie gegen diese Blume so stark, dass sie sich verzweiflungsvoll die Ohren zuhielt. Zur Hälfte war es wohl Komödie, zur Hälfte aber auch wohl pikierter Ernst, dass sie mich mit bitterem Blicke ansah und aus Herzensgrund spottscharf mich frug: »Und Sie, teure Blume, welche von den vorhandenen Religionen haben Sie?«

»Ich, Mylady, ich habe sie alle, der Duft meiner Seele steigt in den Himmel und betäubt selbst die ewigen Götter!«

Kapitel 12

»Nein«, sagte Mylady, ohne auf Signoras süßes Gekose hinzuhören, »nein, diesen Menschen braucht man nicht erst in einen Esel zu verwandeln; nicht nur, dass er jede zehn Schritte seine Gesinnung wechselt, und sich beständig widerspricht, wird er jetzt sogar ein Bekehrer, und ich glaube gar er ist ein verkappter Jesuit. Ich muss, meiner Sicherheit wegen, jetzt devote Gesichter schneiden, sonst gibt er mich an bei seinen Mitheuchlern in Christo, bei den heiligen Inquisitionsdilettanten, die mich in effigie verbrennen, da ihnen die Polizei noch nicht erlaubt, die Personen selbst ins Feuer zu werfen.

Ach, chrwürdiger Herr! glauben Sie nur nicht, dass ich so klug sei wie ich aussehe, es fehlt mir durchaus nicht an Religion, ich bin keine Tulpe, beileibe keine Tulpe, nur um des Himmels willen keine Tulpe, ich will lieber alles glauben! Ich glaube jetzt schon das hauptsächlichste, was in der Bibel steht, ich glaube, dass Abraham den Isaak, und Isaak den Jakob, und Jakob wieder den Juda gezeugt hat, sowie auch, dass dieser wieder seine Schnur Tamar auf der Landstraße erkannt hat. Ich glaube auch, dass Lot mit seinen Töchtern zu viel getrunken. Ich glaube, dass die Frau des Potiphar den Rock des frommen Josephs in Händen behalten. Ich glaube, dass die beiden Alten, die Susannen im Bade überraschten, sehr alt gewesen sind.

Außerdem glaub ich noch, dass der Erzvater Jakob erst seinen Bruder und dann seinen Schwiegervater betrogen, dass König David dem Uria eine gute Anstellung bei der Armee gegeben, dass Salomo sich tausend Weiber angeschafft und nachher gejammert es sei alles eitel. Auch an die zehn Gebote glaube ich und halte sogar die meisten; ich lass mich nicht gelüsten meines Nächsten

Ochsen, noch seiner Magd, noch seiner Kuh, noch seines Esels.
Ich arbeite nicht am Sabbat, dem siebenten Tage, wo Gott geruht;
ja, aus Vorsicht, da man nicht mehr genau weiß, welcher dieser
siebente Ruhetag war, tue ich oft die ganze Woche nichts.

Was aber gar die Gebote Christi betrifft, so übte ich immer das
wichtigste, nämlich dass man sogar seine Feinde lieben soll – denn
ach! diejenigen Menschen, die ich am meisten geliebt habe, waren
immer, ohne dass ich es wusste, meine schlimmsten Feinde.«

»Sind die Berliner denn Christen?« rief Signora voller
Verwundrung.

»Es hat eine eigne Bewandtnis, mit ihrem Christentum. Dieses
fehlt ihnen im Grunde ganz und gar, und sie sind auch viel zu
vernünftig, um es ernstlich auszuüben. Aber da sie wissen, dass das
Christentum im Staate nötig ist, damit die Untertanen hübsch de-
mütig gehorchen, und auch außerdem nicht zu viel gestohlen und
gemordet wird, so suchen sie mit großer Beredsamkeit wenigstens
ihre Nebenmenschen zum Christentume zu bekehren, sie suchen
gleichsam Remplaçants in einer Religion, deren Aufrechthaltung
sie wünschen und deren strenge Ausübung ihnen selbst zu müh-
sam wird.

In dieser Verlegenheit benutzen sie den Diensteifer der armen
Juden, diese müssen jetzt für sie Christen werden, und da dieses
Volk, für Geld und gute Worte alles aus sich machen lässt, so haben sich die Juden schon so ins Christentum hineinexerziert, dass
sie ordentlich schon über Unglauben schreien, auf Tod und Leben
die Dreieinigkeit verfechten, in den Hundstagen sogar daran glauben, gegen die Rationalisten wüten, als Missionäre und Glaubens-
spione im Lande herumschleichen und erbauliche Traktätchen
verbreiten, in den Kirchen am besten die Augen verdrehen, die
scheinheiligsten Gesichter schneiden, und mit so viel hohem Bei-
falle frömmeln, dass sich schon hie und da der Gewerbsneid regt,
und die älteren Meister des Handwerks schon heimlich klagen:
das Christentum sei jetzt ganz in den Händen der Juden.«

Englische Fragmente

I. Gespräch auf der Themse

[...]

Die Engländer sind ein häusliches Volk, sie leben ein begrenztes, umfriedetes Familienleben; im Kreise seiner Angehörigen sucht der Engländer jenes Seelenbehagen, das ihm schon durch seine angeborene gesellschaftliche Unbeholfenheit außer dem Hause versagt ist. Der Engländer ist daher mit jener Freiheit zu frieden, die seine persönlichsten Rechte verbürgt und seinen Leib, sein Eigentum, seine Ehe, seinen Glauben und sogar seine Grillen unbedingt schützt. In seinem Hause ist niemand freier als ein Engländer, um mich eines berühmten Ausdrucks zu bedienen, er ist König und Bischof in seinen vier Pfählen, und nicht unrichtig ist sein gewöhnlicher Wahlspruch: ›My house is my castle.‹

Ist nun bei den Engländern das meiste Bedürfnis nach persönlicher Freiheit, so möchte wohl der Franzose im Notfall diese entbehren können, wenn man ihm nur jenen Teil der allgemeinen Freiheit, den wir Gleichheit nennen, vollauf genießen lassen. Die Franzosen sind kein häusliches Volk, sondern ein geselliges, sie lieben kein schweigendes Beisammensitzen, welches sie une conversation anglaise nennen, sie laufen plaudernd vom Kaffeehaus nach dem Kasino, vom Kasino nach den Salons, ihr leichtes Champagnerblut und angeborenes Umgangstalent treibt sie zum Gesellschaftsleben, und dessen erste und letzte Bedingung, ja dessen Seele ist: die Gleichheit. Mit der Ausbildung der Gesellschaftlichkeit in Frankreich musste daher auch das Bedürfnis der Gleichheit entstehen, und wenn auch der Grund der Revolution im Budget zu suchen ist, so wurde ihr doch zuerst Wort und Stimme verliehen von jenen geistreichen Roturiers, die in den Salons von Paris mit der hohen Noblesse scheinbar auf einem

Fuße der Gleichheit lebten und doch dann und wann, sei es auch
nur durch ein kaum bemerkbares, aber desto tiefer verletzendes
Feudallächeln, an die große, schmachvolle Ungleichheit erinnert
wurden; – und wenn die canaille roturière sich die Freiheit nahm,
jene hohe Noblesse zu köpfen, so geschah dieses vielleicht weniger,
um ihre Güter, als um ihre Ahnen zu erben und statt der bür-
gerlichen Ungleichheit eine adlige Gleichheit einzuführen. Dass
dieses Streben nach Gleichheit das Hauptprinzip der Revolution
war, dürfen wir um so mehr glauben, da die Franzosen sich bald
glücklich und zufrieden fühlten unter der Herrschaft ihres großen
Kaisers, der, ihre Unmündigkeit beachtend, all ihre Freiheit unter
seiner strengen Kuratel hielt und ihnen nur die Freude einer völ-
ligen, ruhmvollen Gleichheit überließ.

Weit geduldiger als der Franzose erträgt daher der Engländer
den Anblick einer bevorrechteten Aristokratie; er tröstet sich, dass
er selbst Rechte besitzt, die es jener unmöglich machen, ihn in
seinen häuslichen Komforts und in seinen Lebensansprüchen zu
stören. Auch trägt jene Aristokratie nicht jene Rechte zur Schau
wie auf dem Kontinente. In den Straßen und öffentlichen Ver-
gnügungssälen Londons sieht man bunte Bänder nur auf den
Hauben der Weiber und goldne und silberne Abzeichen nur auf
den Röcken der Lakaien. Auch jene schöne, bunte Livree, die bei
uns einen bevorrechteten Wehrstand ankündigt, ist in England
nichts weniger als eine Ehrenauszeichnung; wie ein Schauspieler
sich nach der Vorstellung die Schminke abwischt, so eilt auch
der englische Offizier, sich seines roten Rocks zu entledigen, sobald die Dienststunde vorüber ist, und im schlichten Rock eines
Gentleman ist er wieder ein Gentleman. Nur auf dem Theater
zu St. James gelten jene Dekorationen und Kostüme, die aus
dem Kehricht des Mittelalters aufbewahrt worden; da flattern die
Ordensbänder, da blinken die Sterne, da rauschen die seidenen
Hosen und Atlasschleppen, da knarren die goldnen Sporen und
altfranzösischen Redensarten, da bläht sich der Ritter, da spreizt

sich das Fräulein.– Aber was kümmert einen freien Engländer die Hofkomödie zu St. James! wird er doch nie davon belästigt, und verwehrt es ihm ja niemand, wenn er in seinem Hause ebenfalls Komödie spielt und seine Hausoffizianten vor sich knien lässt und mit dem Strumpfband der Köchin tändelt – honny soit qui mal y pense.

Was die Deutschen betrifft, so bedürfen sie weder der Freiheit noch der Gleichheit. Sie sind ein spekulatives Volk, Ideologen, Vor- und Nachdenker, Träumer, die nur in der Vergangenheit und in der Zukunft leben und keine Gegenwart haben. Engländer und Franzosen haben eine Gegenwart, bei ihnen hat jeder Tag seinen Kampf und Gegenkampf und seine Geschichte. Der Deutsche hat nichts, wofür er kämpfen sollte, und da er zu mutmaßen begann, dass es doch Dinge geben könne, deren Besitz wünschenswert wäre, so haben wohlweise seine Philosophen ihn gelehrt, an der Existenz solcher Dinge zu zweifeln. Es lässt sich nicht leugnen, dass auch die Deutschen die Freiheit lieben. Aber anders wie andere Völker. Der Engländer liebt die Freiheit wie sein rechtmäßiges Weib, er besitzt sie, und wenn er sie auch nicht mit absonderlicher Zärtlichkeit behandelt, so weiß er sie doch im Notfall wie ein Mann zu verteidigen, und wehe dem rotgeröckten Burschen, der sich in ihr heiliges Schlafgemach drängt – sei es als Galant oder als Scherge. Der Franzose liebt die Freiheit wie seine erwählte Braut. Er glüht für sie, er flammt, er wirft sich zu ihren Füßen mit den überspanntesten Beteuerungen, er schlägt sich für sie auf Tod und Leben, er begeht für sie tausenderlei Torheiten. Der Deutsche liebt die Freiheit wie seine alte Großmutter.«

Gar wunderlich sind doch die Menschen! Im Vaterlande brummen wir, jede Dummheit, jede Verkehrtheit dort verdrießt uns, wie Knaben möchten wir täglich davonlaufen in die weite Welt; sind wir endlich wirklich in die weite Welt gekommen, so ist uns diese wieder zu weit, und heimlich sehnen wir uns oft wieder nach den engen Dummheiten und Verkehrtheiten der Heimat,

und wir möchten wieder dort in der alten, wohlbekannten Stube
sitzen und uns, wenn es anginge, ein Haus hinter den Ofen bau-
en und warm drin hocken und den »Allgemeinen Anzeiger der
Deutschen« lesen. So ging es auch mir auf der Reise nach England.
Kaum verlor ich den Anblick der deutschen Küste, so erwachte in
mir eine kuriose Nachliebe für jene teutonischen Schlafmützen-
und Perückenwälder, die ich eben noch mit Unmut verlassen,
und als ich das Vaterland aus den Augen verloren hatte, fand ich
es im Herzen wieder.

III. Die Engländer

Unter den Bogengängen der Londoner Börse hat jede Nation
ihren angewiesenen Platz, und auf hochgesteckten Täfelchen liest
man die Namen: Russen, Spanier, Schweden, Deutsche, Malteser,
Juden, Hanseaten, Türken usw. Vormals stand jeder Kaufmann
unter dem Täfelchen, worauf der Name seiner Nation geschrieben.
Jetzt aber würde man ihn vergebens dort suchen; die Menschen
sind fortgerückt; wo einst Spanier standen, stehen jetzt Holländer;
die Hanseaten traten an die Stelle der Juden; wo man Türken
sucht, findet man jetzt Russen; die Italiener stehen, wo einst die
Franzosen gestanden; sogar die Deutschen sind weitergekommen.

Wie auf der Londoner Börse, so auch in der übrigen Welt sind
die alten Täfelchen stehengeblieben, während die Menschen darunter weggeschoben worden und andere an ihre Stelle gekommen sind, deren neue Köpfe sehr schlecht passen zu der alten
Aufschrift. Die alten stereotypen Charakteristiken der Völker,
wie wir solche in gelehrten Kompendien und Bierschenken finden, können uns nichts mehr nutzen und nur zu trostlosen Irr-
tümern verleiten. Wie wir unter unsern Augen in den letzten
Jahrzehnten den Charakter unserer westlichen Nachbaren sich
allmählich umgestalten sahen, so können wir, seit Aufhebung
der Kontinentalsperre, eine ähnliche Umwandlung jenseit des

Kanales wahrnehmen. Steife, schweigsame Engländer wallfahren scharweis nach Frankreich, um dort sprechen und sich bewegen zu lernen, und bei ihrer Rückkehr sieht man mit Erstaunen, dass ihnen die Zunge gelöst ist, dass sie nicht mehr wie sonst zwei linke Hände haben und nicht mehr mit Beefsteak und Plumpudding zufrieden sind. Ich selbst habe einen solchen Engländer gesehen, der in Tavistock-Tavern etwas Zucker zu seinem Blumenkohl verlangt hat, eine Ketzerei gegen die strenge anglikanische Küche, worüber der Kellner fast rücklings fiel, indem gewiss seit der römischen Invasion der Blumenkohl in England nie anders als in Wasser abgekocht und ohne süße Zutat verzehrt worden. Es war derselbe Engländer, der, obgleich ich ihn vorher nie gesehen, sich zu mir setzte und einen so zuvorkommend französischen Diskurs anfing, dass ich nicht umhinkonnte, ihm zu gestehen, wie sehr es mich freue, einmal einen Engländer zu finden, der nicht gegen den Fremden zurückhaltend sei, worauf er, ohne Lächeln, ebenso freimütig entgegnete, dass er mit mir spräche, um sich in der französischen Sprache zu üben.

Es ist auffallend, wie die Franzosen täglich nachdenklicher, tiefer und ernster werden, in ebendem Maße, wie die Engländer dahin streben, sich ein legeres, oberflächliches und heiteres Wesen anzueignen; wie im Leben selbst, so auch in der Literatur. Die Londoner Pressen sind vollauf beschäftigt mit fashionablen Schriften, mit Romanen, die sich in der glänzenden Sphäre des Highlife bewegen oder dasselbe abspiegeln, wie z.B. »Almalks«, »Vivian Grey«, »Tremaine«, »The Guards«, »Flirtation«, welcher letztere Roman die beste Bezeichnung wäre für die ganze Gattung, für jene Koketterie mit ausländischen Manieren und Redensarten, jene plumpe Feinheit, schwerfällige Leichtigkeit, saure Süßelei, gezierte Roheit, kurz, für das ganze unerquickliche Treiben jener hölzernen Schmetterlinge, die in den Sälen Westlondons herumflattern. [...]

VI. Das neue Ministerium

In Bedlam habe ich vorigen Sommer einen Philosophen kennen-
gelernt, der mir, mit heimlichen Augen und flüsternder Stimme,
viele wichtige Aufschlüsse über den Ursprung des Übels gegeben
hat. Wie mancher andere seiner Kollegen meinte auch er, dass
man hierbei etwas Historisches annehmen müsse. Was mich betrifft, ich neigte mich ebenfalls zu einer solchen Annahme und
erklärte das Grundübel der Welt aus dem Umstand, dass der liebe
Gott zuwenig Geld erschaffen habe.

»Du hast gut reden«, antwortete der Philosoph, »der liebe Gott
war sehr knapp bei Kassa, als er die Welt erschuf. Er musste das
Geld dazu vom Teufel borgen und ihm die ganze Schöpfung als
Hypothek verschreiben. Da ihm nun der liebe Gott von Gott
und Rechts wegen die Welt noch schuldig ist, so darf er ihm auch
aus Delikatesse nicht verwehren, sich darin herumzutreiben und
Verwirrung und Unheil zu stiften. Der Teufel aber ist seinerseits
wieder sehr stark dabei interessiert, dass die Welt nicht ganz zu-
grunde und folglich seine Hypothek verlorengehe; er hütet sich
daher, es allzu toll zu machen, und der liebe Gott, der auch nicht
dumm ist und wohl weiß, dass er im Eigennutz des Teufels seine
geheime Garantie hat, geht oft so weit, dass er ihm die ganze
Herrschaft der Welt anvertraut, d.h. dem Teufel den Auftrag gibt,
ein Ministerium zu bilden. Dann geschieht, was sich von selbst
versteht, Samiel erhält das Kommando der höllischen Heerscha-
ren, Beelzebub wird Kanzler, Vitzliputzli wird Staatssekretär, die
alte Großmutter bekommt die Kolonien usw. Diese Verbündeten
wirtschaften dann in ihrer Weise, und indem sie, trotz des bösen
Willens ihrer Herzen, aus Eigennutz gezwungen sind, das Heil
der Welt zu befördern, entschädigen sie sich für diesen Zwang
dadurch, dass sie zu den guten Zwecken immer die niederträch-
tigsten Mittel anwenden. Sie trieben es jüngsthin so arg, dass
Gott im Himmel solche Greuel nicht länger ansehen konnte und

einem guten Engel den Auftrag gab, ein neues Ministerium zu bilden. Dieser sammelte nun um sich her alle guten Geister. Freudige Wärme durchdrang wieder die Welt, es wurde Licht, und die bösen Geister entwichen. Aber sie legten doch nicht ruhig die Klauen in den Schoss; heimlich wirken sie gegen alles Gute, sie vergiften die neuen Heilquellen, sie zerknicken hämisch jede Rosenknospe des neuen Frühlings, mit ihren Amendements zerstören sie den Baum des Lebens, chaotisches Verderben droht alles zu verschlingen, und der liebe Gott wird am Ende wieder dem Teufel die Herrschaft der Welt übergeben müssen, damit sie, sei es auch durch die schlechtesten Mittel, wenigstens erhalten werde. Siehst du, das ist die schlimme Nachwirkung einer Schuld.« […]

Wenn man mit dem dümmsten Engländer über Politik spricht, so wird er doch immer etwas Vernünftiges zu sagen wissen. Sobald man aber das Gespräch auf Religion lenkt, wird der gescheiteste Engländer nichts als Dummheiten zutage fördern. Daher entsteht wohl jene Verwirrung der Begriffe, jene Mischung von Weisheit und Unsinn, sobald im Parlamente die Emanzipation der Katholiken zur Sprache kommt, eine Streitfrage, worin Politik und Religion kollidieren. Selten in ihren parlamentarischen Verhandlungen ist es den Engländern möglich, ein Prinzip auszusprechen, sie diskutieren nur den Nutzen oder Schaden der Dinge und bringen Fakta, die einen pro, die anderen kontra, zum Vorschein.

Mit Faktis aber kann man zwar streiten, doch nicht siegen, da gibt es nichts als ein materielles Hin- und Herschlagen, und das Schauspiel eines solchen Streites gemahnt uns an wohlbekannte pro-patria-Kämpfe deutscher Studenten, deren Resultat darauf hinausläuft, dass soundso viel Gänge gemacht worden, soundso viel Quarten und Terzen gefallen sind und nichts damit bewiesen worden. […]

Was den englischen Klerus betrifft, so bedarf es keiner Erörterung, weshalb von dieser Seite die Katholiken verfolgt werden.

Verfolgung der Andersdenkenden ist überall das Monopol der Geistlichkeit, und auch die anglikanische Kirche behauptet streng ihre Rechte. Freilich, die Zehnten sind ihr die Hauptsache, sie würde durch die Emanzipation der Katholiken einen großen Teil ihres Einkommens verlieren, und Aufopferung eigener Interessen ist ein Talent, das den Priestern der Liebe ebensosehr abgeht wie den sündigen Laien. Dazu kommt noch, dass jene glorreiche Revolution, welcher England die meisten seiner jetzigen Freiheiten verdankt, aus religiösem, protestantischem Eifer hervorgegangen, ein Umstand, der den Engländern gleichsam noch besondere Pflichten der Dankbarkeit gegen die herrschende protestantische Kirche auferlegt und sie diese als das Hauptbollwerk ihrer Freiheit betrachten lässt. Manche ängstliche Seelen unter ihnen mögen wirklich den Katholizismus und dessen Wiedereinführung fürchten und an die Scheiterhaufen von Smithfield denken – und ein gebranntes Kind scheut das Feuer. [...]

III.

DEUTSCHLAND.
EIN WINTERMÄRCHEN

I.

Im traurigen Monat November war's,
Die Tage wurden trüber,
Der Wind riss von den Bäumen das Laub,
Da reist ich nach Deutschland hinüber.

Und als ich an die Grenze kam,
Da fühlt ich ein stärkeres Klopfen
In meiner Brust, ich glaube sogar
Die Augen begunnen zu tropfen.

Und als ich die deutsche Sprache vernahm,
Da ward mir seltsam zumute;
Ich meinte nicht anders, als ob das Herz
Recht angenehm verblute.

Ein kleines Harfenmädchen sang.
Sie sang mit wahrem Gefühle
Und falscher Stimme, doch ward ich sehr
Gerühret von ihrem Spiele.

Sie sang von Liebe und Liebesgram,
Aufopfrung und Wiederfinden
Dort oben, in jener besseren Welt,
Wo alle Leiden schwinden.

Sie sang vom irdischen Jammertal,
Von Freuden, die bald zerronnen,
Vom jenseits, wo die Seele schwelgt
Verklärt in ew'gen Wonnen.

Sie sang das alte Entsagungslied,
Das Eiapopeia vom Himmel,
Womit man einlullt, wenn es greint,
Das Volk, den großen Lümmel.

Ich kenne die Weise, ich kenne den Text,
Ich kenn auch die Herren Verfasser;
Ich weiß, sie tranken heimlich Wein
Und predigten öffentlich Wasser.

Ein neues Lied, ein besseres Lied,
O Freunde, will ich euch dichten!
Wir wollen hier auf Erden schon
Das Himmelreich errichten.

Wir wollen auf Erden glücklich sein,
Und wollen nicht mehr darben;
Verschlemmen soll nicht der faule Bauch,
Was fleißige Hände erwarben.

Es wächst hienieden Brot genug
Für alle Menschenkinder,
Auch Rosen und Myrten, Schönheit und Lust,
Und Zuckererbsen nicht minder.

Ja, Zuckererbsen für jedermann,
Sobald die Schoten platzen!

Den Himmel überlassen wir
Den Engeln und den Spatzen.

Und wachsen uns Flügel nach dem Tod,
So wollen wir euch besuchen
Dort oben, und wir, wir essen mit euch
Die seligsten Torten und Kuchen.

Ein neues Lied, ein besseres Lied!
Es klingt wie Flöten und Geigen!
Das Miserere ist vorbei,
Die Sterbeglocken schweigen.

Die Jungfer Europa ist verlobt
Mit dem schönen Geniusse
Der Freiheit, sie liegen einander im Arm,
Sie schwelgen im ersten Kusse.

Und fehlt der Pfaffensegen dabei,
Die Ehe wird gültig nicht minder –
Es lebe Bräutigam und Braut,
Und ihre zukünftigen Kinder!

Ein Hochzeitkarmen ist mein Lied,
Das bessere, das neue!
In meiner Seele gehen auf
Die Sterne der höchsten Weihe –

Begeisterte Sterne, sie lodern wild,
Zerfließen in Flammenbächen –
Ich fühle mich wunderbar erstarkt,
Ich könnte Eichen zerbrechen!

Seit ich auf deutsche Erde trat,
Durchströmen mich Zaubersäfte –
Der Riese hat wieder die Mutter berührt,
Und es wuchsen ihm neu die Kräfte.

II.

Während die Kleine von Himmelslust
Getrillert und musizieret,
Ward von den preußischen Douaniers
Mein Koffer visitieret.

Beschnüffelten Alles, kramten herum
In Hemden, Hosen, Schnupftüchern;
Sie suchten nach Spitzen, nach Bijouterien,
Auch nach verbotenen Büchern.

Ihr Toren, die ihr im Koffer sucht!
Hier werdet ihr nichts entdecken!
Die Konterbande, die mit mir reist,
Die hab ich im Kopfe stecken.

Hier hab ich Spitzen, die feiner sind
Als die von Brüssel und Mecheln,
Und pack ich einst meine Spitzen aus,
Sie werden euch sticheln und hecheln.

Im Kopfe trage ich Bijouterien,
Der Zukunft Krondiamanten,
Die Tempelkleinodien des neuen Gotts,
Des großen Unbekannten.

Und viele Bücher trag ich im Kopf!
Ich darf es euch versichern,
Mein Kopf ist ein zwitscherndes Vogelnest
Von konfiszierlichen Büchern.

Glaubt mir, in Satans Bibliothek
Kann es nicht schlimmere geben;
Sie sind gefährlicher noch als die
Von Hoffmann von Fallersleben! –

Ein Passagier, der neben mir stand,
Bemerkte, ich hätte
Jetzt vor mir den preußischen Zollverein,
Die große Douanenkette.

»Der Zollverein« – bemerkte er –
»Wird unser Volkstum begründen,
Er wird das zersplitterte Vaterland
Zu einem Ganzen verbinden.

Er gibt die äußere Einheit uns,
Die sogenannt materielle;
Die geistige Einheit gibt uns die Zensur,
Die wahrhaft ideelle –

Sie gibt die innere Einheit uns,
Die Einheit im Denken und Sinnen;
Ein einiges Deutschland tut uns not,
Einig nach außen und innen.«

IV.

Zu Köllen kam ich spätabends an,
Da hörte ich rauschen den Rheinfluss,
Da fächelte mich schon deutsche Luft,
Da fühlt ich ihren Einfluss –

Auf meinen Appetit. Ich aß
Dort Eierkuchen mit Schinken,
Und da er sehr gesalzen war,
Musst ich auch Rheinwein trinken.

Der Rheinwein glänzt noch immer wie Gold
Im grünen Römerglase,
Und trinkst du etwelche Schoppen zuviel,
So steigt er dir in die Nase.

In die Nase steigt ein Prickeln so süß,
Man kann sich vor Wonne nicht lassen!
Es trieb mich hinaus in die dämmernde Nacht,
In die widerhallenden Gassen.

Die steinernen Häuser schauten mich an,
Als wollten sie mir berichten
Legenden aus altverschollener Zeit,
Der heil'gen Stadt Köllen Geschichten.

Ja, hier hat einst die Klerisei
Ihr frommes Wesen getrieben,
Hier haben die Dunkelmänner geherrscht,
Die Ulrich von Hutten beschrieben.

Der Cancan des Mittelalters ward hier
Getanzt von Nonnen und Mönchen;
Hier schrieb Hochstraaten, der Menzel von Köln,
Die gift'gen Denunziatiönchen.

Die Flamme des Scheiterhaufens hat hier
Bücher und Menschen verschlungen;
Die Glocken wurden geläutet dabei
Und Kyrie Eleison gesungen.

Dummheit und Bosheit buhlten hier
Gleich Hunden auf freier Gasse;
Die Enkelbrut erkennt man noch heut
An ihrem Glaubenshasse. –

Doch siehe! dort im Mondenschein
Den kolossalen Gesellen!
Er ragt verteufelt schwarz empor,
Das ist der Dom von Köllen.

Er sollte des Geistes Bastille sein,
Und die listigen Römlinge dachten:
In diesem Riesenkerker wird
Die deutsche Vernunft verschmachten!

Da kam der Luther, und er hat
Sein großes »Halt!« gesprochen –
Seit jenem Tage blieb der Bau
Des Domes unterbrochen.

Er ward nicht vollendet – und das ist gut.
Denn eben die Nichtvollendung

Macht ihn zum Denkmal von Deutschlands Kraft
Und protestantischer Sendung.

Ihr armen Schelme vom Domverein,
Ihr wollt mit schwachen Händen
Fortsetzen das unterbrochene Werk,
Und die alte Zwingburg vollenden!

O törichter Wahn! Vergebens wird
Geschüttelt der Klingelbeutel,
Gebettelt bei Ketzern und Juden sogar;
Ist alles fruchtlos und eitel.

Vergebens wird der große Franz Liszt
Zum Besten des Doms musizieren,
Und ein talentvoller König wird
Vergebens deklamieren!

Er wird nicht vollendet, der Kölner Dom,
Obgleich die Narren in Schwaben
Zu seinem Fortbau ein ganzes Schiff
Voll Steine gesendet haben.

Er wird nicht vollendet, trotz allem Geschrei
Der Raben und der Eulen,
Die, altertümlich gesinnt, so gern
In hohen Kirchtürmen weilen.

Ja, kommen wird die Zeit sogar,
Wo man, statt ihn zu vollenden,
Die inneren Räume zu einem Stall
Für Pferde wird verwenden.

»Und wird der Dom ein Pferdestall,
Was sollen wir dann beginnen
Mit den Heil'gen Drei Königen, die da ruhn
Im Tabernakel da drinnen?«

So höre ich fragen. Doch brauchen wir uns
In unserer Zeit zu genieren?
Die Heil'gen Drei Kön'ge aus Morgenland,
Sie können woanders logieren.

Folgt meinem Rat und steckt sie hinein
In jene drei Körbe von Eisen,
Die hoch zu Münster hängen am Turm,
Der Sankt Lamberti geheißen.

Der Schneiderkönig saß darin
Mit seinen beiden Räten,
Wir aber benutzen die Körbe jetzt
Für andre Majestäten.

Zur Rechten soll Herr Balthasar,
Zur Linken Herr Melchior schweben,
In der Mitte Herr Gaspar – Gott weiß, wie einst
Die drei gehaust im Leben!

Die Heil'ge Allianz des Morgenlands,
Die jetzt kanonisieret,
Sie hat vielleicht nicht immer schön
Und fromm sich aufgeführet.

Der Balthasar und der Melchior,
Das waren vielleicht zwei Gäuche,

Die in der Not eine Konstitution
Versprochen ihrem Reiche,

Und später nicht Wort gehalten – Es hat
Herr Gaspar, der König der Mohren,
Vielleicht mit schwarzem Undank sogar
Belohnt sein Volk, die Toren!

VII.

Ich ging nach Haus und schlief, als ob
Die Engel gewiegt mich hätten.
Man ruht in deutschen Betten so weich,
Denn das sind Federbetten.

Wie sehnt ich mich oft nach der Süßigkeit
Des vaterländischen Pfühles,
Wenn ich auf harten Matratzen lag,
In der schlaflosen Nacht des Exiles!

Man schläft sehr gut und träumt auch gut
In unseren Federbetten.
Hier fühlt die deutsche Seele sich frei
Von allen Erdenketten.

Sie fühlt sich frei und schwingt sich empor
Zu den höchsten Himmelsräumen.
O deutsche Seele, wie stolz ist dein Flug
In deinen nächtlichen Träumen!

Die Götter erbleichen, wenn du nahst!
Du hast auf deinen Wegen

Gar manches Sternlein ausgeputzt
Mit deinen Flügelschlägen!

Franzosen und Russen gehört das Land,
Das Meer gehört den Briten,
Wir aber besitzen im Luftreich des Traums
Die Herrschaft unbestritten.

Hier üben wir die Hegemonie,
Hier sind wir unzerstückelt;
Die andern Völker haben sich
Auf platter Erde entwickelt. – –

Und als ich einschlief, da träumte mir,
Ich schlenderte wieder im hellen
Mondschein die hallenden Straßen entlang,
In dem altertümlichen Köllen.

Und hinter mir ging wieder einher
Mein schwarzer, vermummter Begleiter.
Ich war so müde, mir brachen die Knie,
Doch immer gingen wir weiter.

Wir gingen weiter. Mein Herz in der Brust
War klaffend aufgeschnitten,
Und aus der Herzenswunde hervor
Die roten Tropfen glitten.

Ich tauchte manchmal die Finger hinein,
Und manchmal ist es geschehen,
Dass ich die Haustürpfosten bestrich
Mit dem Blut im Vorübergehen.

Und jedes Mal, wenn ich ein Haus
Bezeichnet in solcher Weise,
Ein Sterbeglöckchen erscholl fernher,
Wehmütig wimmernd und leise.

Am Himmel aber erblich der Mond,
Er wurde immer trüber;
Gleich schwarzen Rossen jagten an ihm
Die wilden Wolken vorüber.

Und immer ging hinter mir einher
Mit seinem verborgenen Beile
Die dunkle Gestalt – so wanderten wir
Wohl eine gute Weile.

Wir gehen und gehen, bis wir zuletzt
Wieder zum Domplatz gelangen;
Weit offen standen die Pforten dort,
Wir sind hineingegangen.

Es herrschte im ungeheuren Raum
Nur Tod und Nacht und Schweigen;
Es brannten Ampeln hie und da,
Um die Dunkelheit recht zu zeigen.

Ich wandelte lange den Pfeilern entlang
Und hörte nur die Tritte
Von meinem Begleiter, er folgte mir
Auch hier bei jedem Schritte.

Wir kamen endlich zu einem Ort,
Wo funkelnde Kerzenhelle

Und blitzendes Gold und Edelstein;
Das war die Drei-Königs-Kapelle.

Die Heil'gen Drei Könige jedoch,
Die sonst so still dort lagen,
O Wunder! sie saßen aufrecht jetzt
Auf ihren Sarkophagen.

Drei Totengerippe, fantastisch geputzt,
Mit Kronen auf den elenden
Vergilbten Schädeln, sie trugen auch
Das Zepter in knöchernen Händen.

Wie Hampelmänner bewegten sie
Die längstverstorbenen Knochen;
Die haben nach Moder und zugleich
Nach Weihrauchduft gerochen.

Der eine bewegte sogar den Mund
Und hielt eine Rede, sehr lange;
Er setzte mir auseinander, warum
Er meinen Respekt verlange.

Zuerst weil er ein Toter sei,
Und zweitens weil er ein König,
Und drittens weil er ein Heil'ger sei –
Das alles rührte mich wenig.

Ich gab ihm zur Antwort lachenden Muts:
»Vergebens ist deine Bemühung!
Ich sehe, dass du der Vergangenheit
Gehörst in jeder Beziehung.

Fort! fort von hier! im tiefen Grab
Ist eure natürliche Stelle.
Das Leben nimmt jetzt in Beschlag
Die Schätze dieser Kapelle.

Der Zukunft fröhliche Kavallerie
Soll hier im Dome hausen,
Und weicht ihr nicht willig, so brauch ich Gewalt
Und lass euch mit Kolben lausen!«

So sprach ich, und ich drehte mich um,
Da sah ich furchtbar blinken
Des stummen Begleiters furchtbares Beil –
Und er verstand mein Winken.

Er nahte sich, und mit dem Beil
Zerschmetterte er die armen
Skelette des Aberglaubens, er schlug
Sie nieder ohn' Erbarmen.

Es dröhnte der Hiebe Widerhall
Aus allen Gewölben, entsetzlich! –
Blutströme schossen aus meiner Brust,
Und ich erwachte plötzlich.

XIII.

Die Sonne ging auf bei Paderborn,
Mit sehr verdrossner Gebärde.
Sie treibt in der Tat ein verdrießlich Geschäft –
Beleuchten die dumme Erde!

Hat sie die eine Seite erhellt,
Und bringt sie mit strahlender Eile
Der andern ihr Licht, so verdunkelt schon
Sich jene mittlerweile.

Der Stein entrollt dem Sisyphus,
Der Danaiden Tonne
Wird nie gefüllt, und den Erdenball
Beleuchtet vergeblich die Sonne! –

Und als der Morgennebel zerrann,
Da sah ich am Wege ragen,
Im Frührotschein, das Bild des Manns,
Der an das Kreuz geschlagen.

Mit Wehmut erfüllt mich jedes Mal
Dein Anblick, mein armer Vetter,
Der du die Welt erlösen gewollt,
Du Narr, du Menschheitsretter!

Sie haben dir übel mitgespielt,
Die Herren vom hohen Rate.
Wer hieß dich auch reden so rücksichtslos
Von der Kirche und vom Staate

Zu deinem Malheur war die Buchdruckerei
Noch nicht in jenen Tagen
Erfunden; du hättest geschrieben ein Buch
Über die Himmelsfragen.

Der Zensor hätte gestrichen darin,
Was etwa anzüglich auf Erden,

Und liebend bewahrte dich die Zensur
Vor dem Gekreuzigtwerden.

Ach! hättest du nur einen andern Text
Zu deiner Bergpredigt genommen,
Besaßest ja Geist und Talent genug,
Und konntest schonen die Frommen!

Geldwechsler, Bankiers, hast du sogar
Mit der Peitsche gejagt aus dem Tempel –
Unglücklicher Schwärmer, jetzt hängst du am Kreuz
Als warnendes Exempel!

XVII.

Ich habe mich mit dem Kaiser gezankt
Im Traum, im Traum versteht sich –
Im wachenden Zustand sprechen wir nicht
Mit Fürsten so widersetzig.

Nur träumend, im idealen Traum,
Wagt ihnen der Deutsche zu sagen
Die deutsche Meinung, die er so tief
Im treuen Herzen getragen.

Als ich erwacht', fuhr ich einem Wald
Vorbei, der Anblick der Bäume,
Der nackten hölzernen Wirklichkeit,
Verscheuchte meine Träume.

Die Eichen schüttelten ernsthaft das Haupt,
Die Birken und Birkenreiser,

Sie nickten so warnend – und ich rief:
»Vergib mir, mein teurer Kaiser!

Vergib mir, o Rotbart, das rasche Wort!
Ich weiß, du bist viel weiser
Als ich, ich habe sowenig Geduld –
Doch komme du bald, mein Kaiser!

Behagt dir das Guillotinieren nicht,
So bleib bei den alten Mitteln:
Das Schwert für Edelleute, der Strick
Für Bürger und Bauern in Kitteln.

Nur manchmal wechsle ab, und lass
Den Adel hängen, und köpfe
Ein bisschen die Bürger und Bauern, wir sind
Ja alle Gottesgeschöpfe.

Stell wieder her das Halsgericht,
Das peinliche Karls des Fünften,
Und teile wieder ein das Volk
Nach Ständen, Gilden und Zünften.

Das alte Heilige Römische Reich,
Stell's wieder her, das ganze,
Gib uns den modrigsten Plunder zurück
Mit allem Firlifanze.

Das Mittelalter, immerhin,
Das wahre, wie es gewesen,
Ich will es ertragen – erlöse uns nur
Von jenem Zwitterwesen,

Von jenem Kamaschenrittertum,
Das ekelhaft ein Gemisch ist
Von gotischem Wahn und modernem Lug,
Das weder Fleisch noch Fisch ist.

Jag fort das Komödiantenpack,
Und schließe die Schauspielhäuser,
Wo man die Vorzeit parodiert
Komme du bald, o Kaiser!«

XXVII.

Was sich in jener Wundernacht
Des weitern zugetragen,
Erzähl ich euch ein andermal,
In warmen Sommertagen.

Das alte Geschlecht der Heuchelei
Verschwindet, Gott sei Dank, heut,
Es sinkt allmählich ins Grab, es stirbt
An seiner Lügenkrankheit.

Es wächst heran ein neues Geschlecht,
Ganz ohne Schminke und Sünden,
Mit freien Gedanken, mit freier Lust –
Dem werde ich alles verkünden.

Schon knospet die Jugend, welche versteht
Des Dichters Stolz und Güte,
Und sich an seinem Herzen wärmt,
An seinem Sonnengemüte.

Mein Herz ist liebend wie das Licht,
Und rein und keusch wie das Feuer;
Die edelsten Grazien haben gestimmt
Die Saiten meiner Leier.

Es ist dieselbe Leier, die einst
Mein Vater ließ ertönen,
Der selige Herr Aristophanes,
Der Liebling der Kamönen.

Es ist die Leier, worauf er einst
Den Paisteteros besungen,
Der um die Basileia gefreit,
Mit ihr sich emporgeschwungen.

Im letzten Kapitel hab ich versucht,
Ein bisschen nachzuahmen
Den Schluss der »Vögel«, die sind gewiss
Das beste von Vaters Dramen.

Die »Frösche« sind auch vortrefflich. Man gibt
In deutscher Übersetzung
Sie jetzt auf der Bühne von Berlin,
Zu königlicher Ergetzung.

Der König liebt das Stück. Das zeugt
Von gutem antiken Geschmacke;
Den Alten amüsierte weit mehr
Modernes Froschgequake.

Der König liebt das Stück. Jedoch
Wär noch der Autor am Leben,

Ich riete ihm nicht, sich in Person
Nach Preußen zu begeben.

Dem wirklichen Aristophanes,
Dem ginge es schlecht, dem Armen;
Wir würden ihn bald begleitet sehn
Mit Chören von Gendarmen.

Der Pöbel bekäm die Erlaubnis bald,
Zu schimpfen statt zu wedeln;
Die Polizei erhielte Befehl,
Zu fahnden auf den Edeln.

O König! Ich meine es gut mit dir,
Und will einen Rat dir geben:
Die toten Dichter, verehre sie nur,
Doch schone, die da leben.

Beleid'ge lebendige Dichter nicht,
Sie haben Flammen und Waffen,
Die furchtbarer sind als Jovis Blitz,.
Den ja der Poet erschaffen.

Beleid'ge die Götter, die alten und neu'n,
Des ganzen Olymps Gelichter,
Und den höchsten Jehova obendrein
Beleid'ge nur nicht den Dichter!

Die Götter bestrafen freilich sehr hart
Des Menschen Missetaten,
Das Höllenfeuer ist ziemlich heiß,
Dort muss man schmoren und braten –

Doch Heilige gibt es, die aus der Glut
Losbeten den Sünder; durch Spenden
An Kirchen und Seelenmessen wird
Erworben ein hohes Verwenden.

Und am Ende der Tage kommt Christus herab
Und bricht die Pforten der Hölle;
Und hält er auch ein strenges Gericht,
Entschlüpfen wird mancher Geselle.

Doch gibt es Höllen, aus deren Haft
Unmöglich jede Befreiung;
Hier hilft kein Beten, ohnmächtig ist hier
Des Welterlösers Verzeihung.

Kennst du die Hölle des Dante nicht,
Die schrecklichen Terzetten?
Wen da der Dichter hineingesperrt,
Den kann kein Gott mehr retten –

Kein Gott, kein Heiland erlöst ihn je
Aus diesen singenden Flammen!
Nimm dich in acht, dass wir dich nicht
Zu solcher Hölle verdammen.

IV.

DER RABBI VON BACHERACH

(1840)

Erstes Kapitel

Unterhalb des Rheingaus, wo die Ufer des Stromes ihre lachende Miene verlieren, Berg und Felsen, mit ihren abenteuerlichen Burgruinen, sich trotziger gebärden, und eine wildere, ernstere Herrlichkeit emporsteigt, dort liegt, wie eine schaurige Sage der Vorzeit, die finstre, uralte Stadt Bacherach. Nicht immer waren so morsch und verfallen diese Mauern mit ihren zahnlosen Zinnen und blinden Warttürmchen, in deren Luken der Wind pfeift und die Spatzen nisten; in diesen armselig hässlichen Lehmgassen, die man durch das zerrissene Tor erblickt, herrschte nicht immer jene öde Stille, die nur dann und wann unterbrochen wird von schreienden Kindern, keifenden Weibern und brüllenden Kühen. Diese Mauern waren einst stolz und stark, und in diesen Gassen bewegte sich frisches, freies Leben, Macht und Pracht, Lust und Leid, viel Liebe und viel Hass.

Bacherach gehörte einst zu jenen Munizipien, welche von den Römern während ihrer Herrschaft am Rhein gegründet worden, und die Einwohner, obgleich die folgenden Zeiten sehr stürmisch und obgleich sie späterhin unter Hohenstaufischer, und zuletzt unter Wittelsbacher Oberherrschaft gerieten, wussten dennoch, nach dem Beispiel andrer rheinischen Städte, ein ziemlich freies Gemeinwesen zu erhalten. Dieses bestand aus einer Verbindung einzelner Körperschaften, wovon die der patrizischen Altbürger und die der Zünfte, welche sich wieder nach ihren verschiedenen Gewerken unterabteilten, beiderseitig nach der Alleinmacht rangen: so dass sie sämtlich nach außen, zu Schutz und Trutz gegen den nachbarlichen Raubadel, fest verbunden standen, nach innen aber, wegen streitender Interessen, in beständiger Spaltung verharrten; und daher unter ihnen wenig Zusammenleben, viel Mißtrauen, oft sogar tätliche Ausbrüche der Leidenschaft. Der herrschaftliche Vogt saß auf der hohen Burg Sareck, und wie sein

Falke schoss er herab wenn man ihn rief und auch manchmal
ungerufen.

Die Geistlichkeit herrschte im Dunkeln durch die Verdun-
kelung des Geistes. Eine am meisten vereinzelte, ohnmächtige
und vom Bürgerrechte allmählig verdrängte Körperschaft war die
kleine Judengemeinde, die schon zur Römerzeit in Bacherach
sich niedergelassen und späterhin, während der großen Judenverfolgung, ganze Scharen flüchtiger Glaubensbrüder in sich aufgenommen hatte.

Die große Judenverfolgung begann mit den Kreuzzügen und
wütete am grimmigsten um die Mitte des vierzehnten Jahrhunderts, am Ende der großen Pest, die, wie jedes andre öffentliche
Unglück, durch die Juden entstanden sein sollte, indem man
behauptete, sie hätten den Zorn Gottes herabgeflucht und mit
Hülfe der Aussätzigen die Brunnen vergiftet. Der gereizte Pöbel,
besonders die Horden der Flagellanten, halbnackte Männer und
Weiber, die zur Buße sich selbst geißelnd und ein tolles Marienlied
singend, die Rheingegend und das übrige Süddeutschland durch-
zogen, ermordeten damals viele tausend Juden, oder marterten sie,
oder tauften sie gewaltsam. Eine andre Beschuldigung, die ihnen
schon in früherer Zeit, das ganze Mittelalter hindurch bis Anfang
des vorigen Jahrhunderts, viel Blut und Angst kostete, das war das
läppische, in Chroniken und Legenden bis zum Ekel oft wiederholte Märchen: dass die Juden geweihte Hostien stählen, die sie
mit Messern durchstächen bis das Blut herausfließe, und dass sie
an ihrem Paschafeste Christenkinder schlachteten, um das Blut
derselben bei ihrem nächtlichen Gottesdienste zu gebrauchen.

Die Juden, hinlänglich verhasst wegen ihres Glaubens, ihres
Reichtums, und ihrer Schuldbücher, waren an jenem Festtage ganz
in den Händen ihrer Feinde, die ihr Verderben nur gar zu leicht
bewirken konnten, wenn sie das Gerücht eines solchen Kinder-
mords verbreiteten, vielleicht gar einen blutigen Kinderleichnam
in das verfemte Haus eines Juden heimlich hineinschwärzten, und

dort nächtlich die betende Judenfamilie überfielen; wo alsdann gemordet, geplündert und getauft wurde, und große Wunder geschahen durch das vorgefundne tote Kind, welches die Kirche am Ende gar kanonisierte.

Sankt Werner ist ein solcher Heiliger, und ihm zu Ehren ward zu Oberwesel jene prächtige Abtei gestiftet, die jetzt am Rhein eine der schönsten Ruinen bildet, und mit der gotischen Herrlichkeit ihrer langen spitzbögigen Fenster, stolz emporschießender Pfeiler und Steinschnitzeleien uns so sehr entzückt, wenn wir an einem heitergrünen Sommertage vorbeifahren und ihren Ursprung nicht kennen. Zu Ehren dieses Heiligen wurden am Rhein noch drei andre große Kirchen errichtet, und unzählige Juden getötet oder misshandelt. Dies geschah im Jahr 1287, und auch zu Bacherach, wo eine von diesen Sankt-Wernerskirchen gebaut wurde, erging damals über die Juden viel Drangsal und Elend. Doch zwei Jahrhunderte seitdem blieben sie verschont von solchen Anfällen der Volkswut, obgleich sie noch immer hinlänglich angefeindet und bedroht wurden.

Je mehr aber der Hass sie von außen bedrängte, desto inniger und traulicher wurde das häusliche Zusammenleben, desto tiefer wurzelte die Frömmigkeit und Gottesfurcht der Juden von Bacherach. Ein Muster gottgefälligen Wandels war der dortige Rabbiner, genannt Rabbi Abraham, ein noch jugendlicher Mann, der aber weit und breit wegen seiner Gelahrtheit berühmt war. Er war geboren in dieser Stadt, und sein Vater, der dort ebenfalls Rabbiner gewesen, hatte ihm in seinem letzten Willen befohlen, sich demselben Amt zu widmen und Bacherach nie zu verlassen, es seie denn wegen Lebensgefahr. Dieser Befehl und ein Schrank mit seltenen Büchern war alles was sein Vater, der bloß in Armut und Schriftgelahrtheit lebte, ihm hinterließ. Dennoch war Rabbi Abraham ein sehr reicher Mann; verheuratet mit der einzigen Tochter seines verstorbenen Vaterbruders, welcher den Juwelenhandel getrieben, erbte er dessen große Reichtümer. Einige Fuchsbärte in der Gemeinde deuteten darauf hin, als wenn der Rabbi eben des Geldes wegen seine Frau geheuratet habe. Aber sämtliche Weiber widersprachen und wussten alte Geschichten zu erzählen: wie der Rabbi, schon vor seiner Reise nach Spanien, verliebt gewesen in Sara – man hieß sie eigentlich die schöne Sara – und wie Sara sieben Jahre warten musste, bis der Rabbi aus Spanien zurückkehrte, indem er sie gegen den Willen ihres Vaters und selbst gegen ihre eigne Zustimmung durch den Trauring geheuratet hatte.

Jedweder Jude nämlich kann ein jüdisches Mädchen zu seinem rechtmäßigen Eheweibe machen, wenn es ihm gelang ihr einen Ring an den Finger zu stecken und dabei die Worte zu sprechen: »Ich nehme dich zu meinem Weibe nach den Sitten von Moses und Israel!« Bei der Erwähnung Spaniens pflegten die Fuchsbärte auf eine ganz eigne Weise zu lächeln; und das geschah wohl wegen eines dunkeln Gerüchts, dass Rabbi Abraham auf der hohen Schule zu Toledo zwar emsig genug das Studium des göttlichen Gesetzes getrieben, aber auch christliche Gebräuche nachgeahmt und freigeistige Denkungsart eingesogen habe, gleich jenen spanischen Juden, die damals auf einer außerordentlichen Höhe der Bildung standen. Im Innern ihrer Seele aber glaubten jene Fuchsbärte sehr wenig an der Wahrheit des angedeuteten Gerüchts.

Denn überaus rein, fromm und ernst war seit seiner Rückkehr aus Spanien die Lebensweise des Rabbi, die kleinlichsten Glaubensgebräuche übte er mit ängstlicher Gewissenhaftigkeit, alle Montag und Donnerstag pflegte er zu fasten, nur am Sabbat oder anderen Feiertagen genoss er Fleisch und Wein, sein Tag verfloss in Gebet und Studium, des Tages erklärte er das göttliche Gesetz im Kreise der Schüler, die der Ruhm seines Namens nach Bacherach gezogen, und des Nachts betrachtete er die Sterne des Himmels oder die Augen der schönen Sara. Kinderlos war die Ehe des Rabbi; dennoch fehlte es nicht um ihn her an Leben und Bewegung.

Der große Saal seines Hauses, welches neben der Synagoge lag, stand offen zum Gebrauche der ganzen Gemeinde: hier ging man aus und ein ohne Umstände, verrichtete schleunige Gebete, oder holte Neuigkeiten, oder hielt Beratung in allgemeiner Not; hier spielten die Kinder am Sabbatmorgen während in der Synagoge der wöchentliche Abschnitt verlesen wurde; hier versammelte man sich bei Hochzeit- und Leichenzügen, und zankte sich und versöhnte sich; hier fand der Frierende einen warmen Ofen und der Hungrige einen gedeckten Tisch. Außerdem bewegten sich um den Rabbi noch eine Menge Verwandte, Brüder und Schwestern, mit ihren Weibern und Kindern, so wie auch seine und seiner Frau gemeinschaftliche Öhme und Muhmen, eine weitläufige Sippschaft, die alle den Rabbi als Familienhaupt betrachteten, im Hause desselben früh und spät verkehrten, und an hohen Festtagen sämtlich dort zu speisen pflegten.

Solche gemeinschaftliche Familienmahle im Rabbinerhause fanden ganz besonders statt bei der jährlichen Feier des Pascha, eines uralten, wunderbaren Festes, das noch jetzt die Juden in der ganzen Welt, am Vorabend des vierzehnten Tages im Monat Nissen, zum ewigen Gedächtnisse ihrer Befreiung aus ägyptischer Knechtschaft, folgendermaßen begehen:

Sobald es Nacht ist, zündet die Hausfrau die Lichter an, spreitet das Tafeltuch über den Tisch, legt in der Mitte desselben drei von den platten ungesäuerten Bröten, verdeckt sie mit einer Serviette und stellt auf diesen erhöhten Platz sechs kleine Schüsseln, worin symbolische Speisen enthalten, nämlich ein Ei, Lattig, Mairettigwurzel, ein Lammknochen, und eine braune Mischung von Rosinen, Zimmet und Nüssen. An diesen Tisch setzt sich der Hausvater mit allen Verwandten und Genossen und liest ihnen vor aus einem abenteuerlichen Buche, das die Agade heißt, und dessen Inhalt eine seltsame Mischung ist von Sagen der Vorfahren, Wundergeschichten aus Ägypten, kuriosen Erzählungen, Streitfragen, Gebeten und Festliedern.

Eine große Abendmahlzeit wird in die Mitte dieser Feier eingeschoben, und sogar während des Vorlesens wird zu bestimmten

Zeiten etwas von den symbolischen Gerichten gekostet, so wie alsdann auch Stückchen von dem ungesäuerten Brote gegessen und
vier Becher roten Weines getrunken werden. Wehmütig heiter,
ernsthaft spielend und märchenhaft geheimnisvoll ist der Charakter dieser Abendfeier, und der herkömmlich singende Ton, womit
die Agade von dem Hausvater vorgelesen und zuweilen chorartig
von den Zuhörern nachgesprochen wird, klingt so schauervoll in-
nig, so mütterlich einlullend, und zugleich so hastig aufweckend,
dass selbst diejenigen Juden, die längst von dem Glauben ihrer
Väter abgefallen und fremden Freuden und Ehren nachgesagt
sind, im tiefsten Herzen erschüttert werden, wenn ihnen die alten,
wohlbekannten Paschaklänge zufällig ins Ohr dringen.

Im großen Saale seines Hauses saß einst Rabbi Abraham, und
mit seinen Anverwandten, Schülern und übrigen Gästen beging
er die Abendfeier des Paschafestes. Im Saale war alles mehr als
gewöhnlich blank; über den Tisch zog sich die buntgestickte Sei-
dendecke, deren Goldfranzen bis auf die Erde hingen; traulich
schimmerten die Tellerchen mit den symbolischen Speisen, so
wie auch die hohen weingefüllten Becher, woran als Zierrat lauter
heilige Geschichten von getriebner Arbeit; die Männer saßen in
ihren Schwarzmänteln und schwarzen Platthüten und weißen
Halsbergen; die Frauen, in ihren wunderlich glitzernden Kleidern von lombardischen Stoffen, trugen um Haupt und Hals ihr
Gold- und Perlengeschmeide; und die silberne Sabbatlampe goss
ihr festlichstes Licht über die andächtig vergnügten Gesichter der
Alten und Jungen.

Auf den purpurnen Sammetkissen eines mehr als die übrigen
erhabenen Sessels und angelehnt, wie es der Gebrauch heischt, saß
Rabbi Abraham und las und sang die Agade, und der bunte Chor
stimmte ein oder antwortete bei den vorgeschriebenen Stellen.
Der Rabbi trug ebenfalls sein schwarzes Festkleid, seine edelge-
formten, etwas strengen Züge waren milder denn gewöhnlich, die
Lippen lächelten hervor aus dem braunen Barte, als wenn sie viel

Holdes erzählen wollten, und in seinen Augen schwamm es wie
selige Erinnerung und Ahnung.

Die schöne Sara, die auf einem ebenfalls erhabenen Sammet-
sessel an seiner Seite saß, trug als Wirtin nichts von ihrem Geschmeide, nur weißes Linnen umschloss ihren schlanken Leib
und ihr frommes Antlitz. Dieses Antlitz war rührend schön, wie
denn überhaupt die Schönheit der Jüdinnen von eigentümlich
rührender Art ist; das Bewusstsein des tiefen Elends, der bittern
Schmach und der schlimmen Fahrnisse, worinnen ihre Verwandten und Freunde leben, verbreitet über ihre holden Gesichtszüge
eine gewisse leidende Innigkeit und beobachtende Liebesangst,
die unsere Herzen sonderbar bezaubern.

So saß heute die schöne Sara und sah beständig nach den Augen
ihres Mannes; dann und wann schaute sie auch nach der vor ihr
liegenden Agade, dem hübschen, in Gold und Samt gebundenen
Pergamentbuche, einem alten Erbstück mit verjährten Weinfle-
cken aus den Zeiten ihres Großvaters, und worin so viele keck
und bunt gemalten Bilder, die sie schon als kleines Mädchen,
am Pascha-Abend, so gerne betrachtete, und die allerlei biblische
Geschichten darstellten, als da sind: wie Abraham die steinernen
Götzen seines Vaters mit dem Hammer entzweiklopft, wie die
Engel zu ihm kommen, wie Moses den Mizri totschlägt, wie Pha-
rao prächtig auf dem Throne sitzt, wie ihm die Frösche sogar bei
Tisch keine Ruhe lassen, wie er Gott sei Dank versäuft, wie die
Kinder Israel vorsichtig durch das Rote Meer gehen, wie sie offnen
Maules, mit ihren Schafen, Kühen und Ochsen vor dem Berge
Sinai stehen, dann auch wie der fromme König David die Harfe
spielt, und endlich wie Jerusalem mit den Türmen und Zinnen
seines Tempels bestrahlt wird vom Glanze der Sonne!

Der zweite Becher war schon eingeschenkt, die Gesichter und
Stimmen wurden immer heller, und der Rabbi, indem er eins der
ungesäuerten Osterbröte ergriff und heiter grüßend emporhielt,
las er folgende Worte aus der Agade: »Siehe! das ist die Kost, die

unsere Väter in Ägypten genossen! Jeglicher, den es hungert, er
komme und genieße! Jeglicher, der da traurig, er komme und teile
unsre Paschafreude! Gegenwärtigen Jahres feiern wir hier das Fest,
aber zum kommenden Jahre im Lande Israels! Gegenwärtigen
Jahres feiern wir es noch als Knechte, aber zum kommenden Jahre
als Söhne der Freiheit!«

Da öffnete sich die Saaltüre, und hereintraten zwei große blasse
Männer, in sehr weiten Mänteln gehüllt, und der eine sprach:
»Friede sei mit Euch, wir sind reisende Glaubensgenossen und
wünschen das Paschafest mit Euch zu feiern.« Und der Rabbi antwortete rasch und freundlich: »Mit Euch sei Frieden, setzt Euch
nieder in meiner Nähe.« Die beiden Fremdlinge setzten sich alsbald zu Tische, und der Rabbi fuhr fort im Vorlesen. Manchmal,
während die übrigen noch im Zuge des Nachsprechens waren,
warf er kosende Worte nach seinem Weibe, und anspielend auf
den alten Scherz, dass ein jüdischer Hausvater sich an diesem
Abend für einen König hält, sagte er zu ihr: »Freue dich, meine
Königin!« Sie aber antwortete, wehmütig lächelnd »es fehlt uns ja
der Prinz!« und damit meinte sie den Sohn des Hauses, der, wie
eine Stelle in der Agade es verlangt, mit vorgeschriebenen Worten
seinen Vater um die Bedeutung des Festes befragen soll.

Der Rabbi erwiderte nichts und zeigte bloß mit dem Finger
nach einem eben aufgeschlagenen Bilde in der Agade, wo überaus
anmutig zu schauen war: wie die drei Engel zu Abraham kommen,
um zu verkünden, dass ihm ein Sohn geboren werde von seiner
Gattin Sara, welche unterdessen weiblich pfiffig hinter der Zelt-
türe steht um die Unterredung zu belauschen. Dieser leise Wink
goss dreifaches Rot über die Wangen der schönen Frau, sie schlug
die Augen nieder, und sah dann wieder freundlich empor nach
ihrem Manne, der singend fortfuhr im Vorlesen der wunderbaren
Geschichte: wie Rabbi Jesua, Rabbi Elieser, Rabbi Asaria, Rabbi
Akiba und Rabbi Tarphen in Bona-Brak angelehnt saßen und
sich die ganze Nacht vom Auszuge der Kinder Israel aus Ägypten

unterhielten, bis ihre Schüler kamen und ihnen zuriefen, es sei Tag und in der Synagoge verlese man schon das große Morgengebet.

————

Derweilen nun die schöne Sara andächtig zuhörte, und ihren Mann beständig ansah, bemerkte sie wie plötzlich sein Antlitz in grausiger Verzerrung erstarrte, das Blut aus seinen Wangen und Lippen verschwand, und seine Augen wie Eiszapfen hervorglotzten; – aber fast im selben Augenblicke sah sie, wie seine Züge wieder die vorige Ruhe und Heiterkeit annahmen, wie seine Lippen und Wangen sich wieder röteten, seine Augen munter umherkreisten, ja, wie sogar eine ihm sonst ganz fremde tolle Laune sein ganzes Wesen ergriff.

Die schöne Sara erschrak wie sie noch nie in ihrem Leben erschrocken war, und ein inneres Grauen stieg kältend in ihr auf, weniger wegen der Zeichen von starrem Entsetzen, die sie einen Moment lang im Gesichte ihres Mannes erblickt hatte, als wegen seiner jetzigen Fröhlichkeit, die allmählig in jauchzende Ausgelassenheit überging. Der Rabbi schob sein Barett spielend von einem Ohre nach dem andern, zupfte und kräuselte possierlich seine Bartlocken, sang den Agadetext nach der Weise eines Gassenhauers, und bei der Aufzählung der ägyptischen Plagen, wo man mehrmals den Zeigefinger in den vollen Becher eintunkt und den anhängenden Weintropfen zur Erde wirft, bespritzte der Rabbi die jüngern Mädchen mit Rotwein, und es gab großes Klagen über verdorbene Halskrausen, und schallendes Gelächter.

Immer unheimlicher ward es der schönen Sara bei dieser krampfhaft sprudelnden Lustigkeit ihres Mannes, und beklommen von namenloser Bangigkeit, schaute sie in das summende Gewimmel der buntbeleuchteten Menschen, die sich behaglich breit hin und her schaukelten, an den dünnen Paschabröten knoperten, oder Wein schlurften, oder mit einander schwatzten, oder laut sangen, überaus vergnügt.

Da kam die Zeit wo die Abendmahlzeit gehalten wird, alle standen auf um sich zu waschen, und die schöne Sara holte das große, silberne, mit getriebenen Goldfiguren reichverzierte Waschbecken, das sie jedem der Gäste vorhielt, während ihm Wasser über die Hände gegossen wurde. Als sie auch dem Rabbi diesen Dienst erwies, blinzelte ihr dieser bedeutsam mit den Augen, und schlich zur Türe hinaus. Die schöne Sara folgte ihm auf dem Fuße; hastig ergriff der Rabbi die Hand seines Weibes, eilig zog er sie fort, durch die dunkelen Gassen Bacherachs, eilig zum Tor hinaus, auf die Landstraße, die den Rhein entlang, nach Bingen führt.

Es war eine jener Frühlingsnächte, die zwar lau genug und hellgestirnt sind, aber doch die Seele mit seltsamen Schauern erfüllen. Leichenhaft dufteten die Blumen; schadenfroh und zugleich selbstbeängstigt zwitscherten die Vögel; der Mond warf heimtückisch gelbe Streiflichter über den dunkel hinmurmelnden Strom; die hohen Felsenmassen des Ufers schienen bedrohlich wackelnde Riesenhäupter; der Turmwächter auf Burg Strahleck blies eine melancholische Weise; und dazwischen läutete, eifrig gellend, das Sterbeglöckchen der Sankt-Wernerskirche. Die schöne Sara trug in der rechten Hand das silberne Waschbecken, ihre linke hielt der Rabbi noch immer gefasst, und sie fühlte wie seine Finger eiskalt waren und wie sein Arm zitterte; aber sie folgte schweigend, vielleicht weil sie von jeher gewohnt, ihrem Manne blindlings und fragenlos zu gehorchen, vielleicht auch weil ihre Lippen vor innerer Angst verschlossen waren.

Unterhalb der Burg Sonneck, Lorch gegenüber, ungefähr wo jetzt das Dörfchen Niederrheinbach liegt, erhebt sich eine Felsenplatte, die bogenartig aber das Rheinufer hinaushängt. Diese erstieg Rabbi Abraham mit seinem Weibe, schaute sich um nach allen Seiten, und starrte hinauf nach den Sternen. Zitternd und von Todesängsten durchfröstelt stand neben ihm die schöne Sara, und betrachtete sein blasses Gesicht, das der Mond gespenstisch beleuchtete, und worauf es hin und her zuckte, wie Schmerz,

Furcht, Andacht und Wut. Als aber der Rabbi plötzlich das silberne Waschbecken ihr aus der Hand riss und es schollernd hinabwarf in den Rhein: da konnte sie das grausenhafte Angstgefühl nicht länger ertragen, und mit dem Ausrufe: »Schaddai voller Genade!« stürzte sie zu den Füßen des Mannes und beschwor ihn das dunkle Rätsel endlich zu enthüllen.

Der Rabbi, des Sprechens ohnmächtig, bewegte mehrmals lautlos die Lippen, und endlich rief er: »Siehst du den Engel des Todes? Dort unten schwebt er über Bacherach! Wir aber sind seinem Schwerte entronnen. Gelobt sei der Herr!« Und mit einer Stimme, die noch vor innerem Entsetzen bebte, erzählte er: wie er wohlgemut die Agade hinsingend und angelehnt saß, und zufällig unter den Tisch schaute, habe er dort, zu seinen Füßen, den blutigen Leichnam eines Kindes erblickt. »Da merkte ich« – setzte der Rabbi hinzu – »dass unsre zwei späte Gäste nicht von der Gemeinde Israels waren, sondern von der Versammlung der Gottlosen, die sich beraten hatten jenen Leichnam heimlich in unser Haus zu schaffen, um uns des Kindermordes zu beschuldigen und das Volk aufzureizen uns zu plündern und zu ermorden. Ich durfte nicht merken lassen, dass ich das Werk der Finsternis durchschaut; ich hätte dadurch nur mein Verderben beschleunigt, und nur die List hat uns beide gerettet. Gelobt sei der Herr! Ängstige dich nicht, schöne Sara; auch unsre Freunde und Verwandte werden gerettet sein. Nur nach meinem Blute lechzten die Ruchlosen; ich bin ihnen entronnen und sie begnügen sich mit meinem Silber und Golde. Komm mit mir, schöne Sara, nach einem anderen Lande, wir wollen das Unglück hinter uns lassen, und damit uns das Unglück nicht verfolge, habe ich ihm das Letzte meiner Habe, das silberne Becken, zur Versöhnung hingeworfen. Der Gott unserer Väter wird uns nicht verlassen. – Komm herab, du bist müde; dort unten steht bei seinem Kahne der stille Wilhelm; er fährt uns den Rhein hinauf.«

Lautlos und wie mit gebrochenen Gliedern war die schöne Sara in die Arme des Rabbi hingesunken, und langsam trug er sie

hinab nach dem Ufer. Hier stand der stille Wilhelm, ein taub-
stummer aber bildschöner Knabe, der zum Unterhalt seiner alten
Pflegemutter, einer Nachbarin des Rabbi, den Fischfang trieb und
hier seinen Kahn angelegt hatte. Es war aber als erriete er schon
gleich die Absicht des Rabbi, ja es schien als habe er eben auf ihn
gewartet, um seine geschlossenen Lippen zog sich das lieblichste
Mitleid, bedeutungstief ruhten seine großen blauen Augen auf der
schöne Sara, und sorgsam trug er sie in den Kahn.

Der Blick des stummen Knaben weckte die schöne Sara aus
ihrer Betäubung, sie fühlte auf einmal, dass alles was ihr Mann
ihr erzählt, kein bloßer Traum sei, und Ströme bitterer Tränen ergossen sich über ihre Wangen, die jetzt so weiß wie ihr Gewand.
Da saß sie nun in der Mitte des Kahns, ein weinendes Marmor-
bild; neben ihr saßen ihr Mann und der stille Wilhelm, welche
emsig ruderten.

Sei es nun durch den einförmigen Ruderschlag, oder durch das
Schaukeln des Fahrzeugs, oder durch den Duft jener Bergesufer,
worauf die Freude wächst, immer geschieht es, dass auch der Be-
trübteste seltsam beruhigt wird, wenn er in der Frühlingsnacht, in
einem leichten Kahne, leicht dahin fährt auf dem lieben, klaren
Rheinstrom. Wahrlich, der alte, gutherzige Vater Rhein kann's
nicht leiden, wenn seine Kinder weinen; tränenstillend wiegt er
sie auf seinen treuen Armen, und erzählt ihnen seine schönsten
Märchen und verspricht ihnen seine goldigsten Schätze, vielleicht
gar den uralt versunkenen Niblungshort. Auch die Tränen der
schönen Sara flossen immer milder und milder, ihre gewaltigs-
ten Schmerzen wurden fortgespielt von den flüsternden Wellen,
die Nacht verlor ihr finstres Grauen, und die heimatlichen Berge
grüßten wie zum zärtlichsten Lebewohl.

Vor allen aber grüßte traulich ihr Lieblingsberg, der Kedrich,
und in seiner seltsamen Mondbeleuchtung schien es, als stände
wieder oben ein Fräulein mit ängstlich ausgestreckten Armen, als
kröchen die flinken Zwerglein wimmelnd aus ihren Felsenspal-

ten, und als käme ein Reuter den Berg hinaufgesprengt in vollem
Galopp; und der schönen Sara war zu Mute, als sei sie wieder ein
kleines Mädchen und säße wieder auf dem Schoße ihrer Muhme
aus Lorch, und diese erzähle ihr die hübsche Geschichte von dem
kecken Reuter, der das arme, von den Zwergen geraubte Fräulein
befreite, und noch andre wahre Geschichten, vom wunderlichen
Wispertale drüben, wo die Vögel ganz vernünftig sprechen, und
vom Pfefferkuchenland, wohin die folgsamen Kinder kommen,
und von verwünschten Prinzessinnen, singenden Bäumen, gläser-
nen Schlössern, goldenen Brücken, lachenden Nixen...

Aber zwischen all diesen hübschen Märchen, die klingend und
leuchtend zu leben begannen, hörte die schöne Sara die Stimme
ihres Vaters, der ärgerlich die arme Muhme ausschalt, dass sie dem
Kinde so viel Torheiten in den Kopf schwatze! Alsbald kam's ihr
vor, als setzte man sie auf das kleine Bänkchen, vor dem Sammet-
sessel ihres Vaters, der mit weicher Hand ihr langes Haar streichel-
te, gar vergnügt mit den Augen lachte, und sich behaglich hin-
und herwiegte in seinem weiten, blauseidenen Sabbatschlafrock...

Es musste wohl Sabbat sein, denn die geblümte Decke war über
den Tisch gespreitet, alle Geräte im Zimmer leuchteten spiegel-
blank gescheuert, der weißbärtige Gemeindediener saß an der
Seite des Vaters und kaute Rosinen und sprach Hebräisch, auch
der kleine Abraham kam herein mit einem allmächtig großen
Buche, und bat bescheidentlich seinen Oheim um die Erlaubnis
einen Abschnitt der Heiligen Schrift erklären zu dürfen, damit der
Oheim sich selber überzeuge, dass er in der verflossenen Woche
viel gelernt habe und viel Lob und Kuchen verdiene... Nun legte
der kleine Bursche das Buch auf die breite Armlehne des Sessels,
und erklärte die Geschichte von Jakob und Rahel, wie Jakob seine
Stimme erhoben und laut geweint, als er sein Mühmchen Rahel
zuerst erblickte, wie er so traulich am Brunnen mit ihr gesprochen, wie er sieben Jahr um Rahel dienen musste, und wie sie
ihm so schnell verflossen, und wie er die Rahel geheuratet und

immer und immer geliebt hat... Auf einmal erinnerte sich auch
die schöne Sara, dass ihr Vater damals mit lustigem Tone ausrief:
»willst du nicht eben so dein Mühmchen Sara heuraten?« worauf
der kleine Abraham ernsthaft antwortete: »das will ich, und sie
soll sieben Jahr warten.«

Dämmernd zogen diese Bilder durch die Seele der schönen Frau,
sie sah, wie sie und ihr kleiner Vetter, der jetzt so groß und ihr
Mann geworden, kindisch mit einander in der Lauberhütte spielten, wie sie sich dort ergötzten an den bunten Tapeten, Blumen,
Spiegeln und vergoldeten Äpfeln, wie der kleine Abraham immer
zärtlich mit ihr koste, bis er allmählig größer und mürrisch wurde,
und endlich ganz groß und ganz mürrisch... Und endlich sitzt
sie zu Hause allein in ihrer Kammer eines Samstags Abend, der
Mond scheint hell durchs Fenster, und die Tür fliegt auf, und hastig stürmt herein ihr Vetter Abraham, in Reisekleidern und blass
wie der Tod, und er greift ihre Hand, steckt einen goldnen Ring
an ihren Finger und spricht feierlich: »ich nehme dich hiermit zu
meinem Weibe, nach den Gesetzen von Moses und Israel!« »Jetzt
aber« – setzt er bebend hinzu – »jetzt muss ich fort nach Spanien.
Lebewohl, sieben Jahr sollst du auf mich warten!« Und er stürzt
fort, und weinend erzählt die schöne Sara das alles ihrem Vater...
Der tobt und wütet »schneid ab dein Haar, denn du bist ein ver-
heuratetes Weib!« – und er will dem Abraham nachreuten um
einen Scheidebrief von ihm zu erzwingen; – aber der ist schon über
alle Berge, der Vater kehrt schweigend nach Haus zurück, und wie
die schöne Sara ihm die Reitstiefel ausziehen hilft und besänftigend
äußert, dass der Abraham nach sieben Jahr zurückkehre, da flucht
der Vater: »Sieben Jahr sollt ihr betteln gehn!« und bald stirbt er.

So zogen der schönen Sara die alten Geschichten durch den
Sinn, wie ein hastiges Schattenspiel; die Bilder vermischten sich
auch wunderlich, und zwischendurch schauten halb bekannte,
halb fremde bärtige Gesichter und große Blumen mit fabelhaft
breitem Blattwerk. Es war auch als murmelte der Rhein die Me-

lodien der Agade, und die Bilder derselben stiegen daraus hervor, lebensgroß und verzerrt, tolle Bilder: der Erzvater Abraham zerschlägt ängstlich die Götzengestalten, die sich immer hastig wieder von selbst zusammensetzen; der Mizri wehrt sich furchtbar gegen den ergrimmten Moses; der Berg Sinai blitzt und flammt; der König Pharao schwimmt im Roten Meere, mit den Zähnen im Maule die zackige Goldkrone festhaltend; Frösche mit Menschenantlitz schwimmen hintendrein, und die Wellen schäumen und brausen, und eine dunkle Riesenhand taucht drohend daraus hervor.

Das war Hattos Mäuseturm und der Kahn schoss eben durch den Binger Strudel. Die schöne Sara ward dadurch etwas aus ihren Träumereien gerüttelt, und schaute nach den Bergen des Ufers, auf deren Spitzen die Schlosslichter flimmerten, und an deren Fuß die mondbeleuchteten Nachtnebel sich hinzogen. Plötzlich aber glaubte sie dort ihre Freunde und Verwandte zu sehen, wie sie mit Leichengesichtern und in weißwallenden Totenhemden schreckenhastig vorüberliefen, den Rhein entlang... es ward ihr schwarz vor den Augen, ein Eisstrom ergoss sich in ihre Seele, und wie im Schlafe hörte sie nur noch, dass ihr der Rabbi das Nachtgebet vorbetete, langsam ängstlich, wie es bei todkranken Leuten geschieht, und träumerisch stammelte sie noch die Worte: »Zehntausend zur Rechten, zehntausend zur Linken; den König zu schützen vor nächtlichem Grauen...«

Da verzog sich plötzlich all das eindringende Dunkel und Grausen, der düstre Vorhang ward vom Himmel fortgerissen, es zeigte sich oben die heilige Stadt Jerusalem, mit ihren Türmen und Toren; in goldner Pracht leuchtete der Tempel; auf dem Vorhofe desselben erblickte die schöne Sara ihren Vater, in seinem gelben Sabbatschlafrock und vergnügt mit den Augen lachend; aus den runden Tempelfenstern grüßten fröhlich alle ihre Freunde und Verwandte; im Allerheiligsten kniete der fromme König David, mit Purpurmantel und funkelnder Krone, und lieblich ertönte sein Gesang und Saitenspiel, – und selig lächelnd entschlief die schöne Sara.

Zweites Kapitel

Als die schöne Sara die Augen aufschlug, ward sie fast geblendet von den Strahlen der Sonne. Die hohen Türme einer großen Stadt erhoben sich, und der stumme Wilhelm stand mit der Hakenstange aufrecht im Kahne und leitete denselben durch das lustige Gewühl vieler buntbewimpelten Schiffe, deren Mannschaft entweder müßig hinabschaute auf die Vorbeifahrenden, oder vielhändig beschäftigt war mit dem Ausladen von Kisten, Ballen und Fässern, die auf kleineren Fahrzeugen ans Land gebracht wurden; wobei ein betäubender Lärm, das beständige Hallorufen der Barkenführer, das Geschrei der Kaufleute vom Ufer her, und das Keifen der Zöllner, die, in ihren roten Röcken mit weißen Stäbchen und weißen Gesichtern, von Schiff zu Schiff hüpften.

»Ja, schöne Sara« – sagte der Rabbi zu seiner Frau, heiter lächelnd – »das ist hier die weltberühmte freie Reichs- und Handelsstadt Frankfurt am Main, und das ist eben der Mainfluß worauf wir jetzt fahren. Da drüben die lachenden Häuser, umgeben von grünen Hügeln, das ist das Sachsenhausen, woher uns der lahme Gumpertz, zur Zeit des Lauberhüttenfestes, die schönen Myrrhen holt. Hier siehst du auch die starke Mainbrücke mit ihren dreizehn Bögen, und gar viel Volk, Wagen und Pferde, geht sicher darüberhin, und in der Mitte steht das Häuschen, wovon die Mühmele Täubchen erzählt hat, dass ein getaufter Jude darin wohnt, der jedem, der ihm eine tote Ratte bringt, sechs Heller auszahlt für Rechnung der jüdischen Gemeinde, die dem Stadtrate jährlich fünftausend Rattenschwänze abliefern soll!«

Über diesen Krieg, den die Frankfurter Juden mit den Ratten zu führen haben, musste die schöne Sara laut lachen; das klare Sonnenlicht und die neue bunte Welt, die vor ihr auftauchte, hatte alles Grauen und Entsetzen der vorigen Nacht aus ihrer Seele verscheucht, und als sie, aus dem landenden Kahne, von ihrem

Manne und dem stummen Wilhelm aufs Ufer gehoben worden,
fühlte sie sich wie durchdrungen von freudiger Sicherheit. Der
stumme Wilhelm aber, mit seinen schönen, tiefblauen Augen, sah
ihr lange ins Gesicht, halb schmerzlich, halb heiter, dann warf er
noch einen bedeutenden Blick nach dem Rabbi, sprang zurück in
seinen Kahn, und bald war er damit verschwunden.

»Der stumme Wilhelm hat doch viele Ähnlichkeit mit meinem
verstorbenen Bruder« – bemerkte die schöne Sara. »Die Engel
sehen sich alle ähnlich« – erwiderte leichthin der Rabbi, und sein
Weib bei der Hand ergreifend, führte er sie durch das Menschengewimmel des Ufers, wo jetzt, weil es die Zeit der Ostermesse, eine
Menge hölzerner Krambuden aufgebaut standen. Als sie, durch
das dunkle Maintor, in die Stadt gelangten, fanden sie nicht minder lärmigen Verkehr. Hier, in einer engen Straße, erhob sich ein
Kaufmannsladen neben dem andern, und die Häuser, wie überall
in Frankfurt, waren ganz besonders zum Handel eingerichtet: im
Erdgeschosse keine Fenster, sondern lauter offne Bogentüren, so
dass man tief hineinschauen und jeder Vorübergehende die ausge-
stellten Waren deutlich betrachten konnte. Wie staunte die schöne Sara ob der Masse kostbarer Sachen und ihrer niegesehenen
Pracht! Da standen Venezianer, die allen Luxus des Morgenlands
und Italiens feil boten, und die schöne Sara war wie festgebannt
beim Anblick der aufgeschichteten Putzsachen und Kleinodien,
der bunten Mützen und Mieder, der güldnen Armspangen und
Halsbänder, des ganzen Flitterkrams, das die Frauen sehr gern
bewundern und womit sie sich noch lieber schmücken.

Die reichgestickten Samt- und Seidenstoffe schienen mit der
schönen Sara sprechen und ihr allerlei Wunderliches ins Gedächt-
nis zurückfunkeln zu wollen, und es war ihr wirklich zu Mute,
als wäre sie wieder ein kleines Mädchen und Mühmele Täubchen
habe ihr Versprechen erfüllt, und sie nach der Frankfurter Messe
geführt, und jetzt eben stehe sie vor den hübschen Kleidern, wovon ihr so viel erzählt worden. Mit heimlicher Freude überlegte

sie schon was sie nach Bacherach mitbringen wolle, welchem von
ihren beiden Bäschen, dem kleinen Blümchen oder dem kleinen
Vögelchen, der blauseidne Gürtel am besten gefallen würde, ob
auch die grünen Höschen dem kleinen Gottschalk passen mögen, – doch plötzlich sagte sie zu sich selber: ach Gott! die sind
ja unterdessen großgewachsen und gestern umgebracht worden!
Sie schrak heftig zusammen und die Bilder der Nacht wollten
schon mit all ihrem Entsetzen wieder in ihr aufsteigen; doch die
goldgestickten Kleider blinzelten nach ihr wie mit tausend Schel-
menaugen, und redeten ihr alles Dunkle aus dem Sinn, und wie
sie hinaufsah nach dem Antlitz ihres Mannes, so war dieses un-
umwölkt, und trug seine gewöhnliche ernste Milde. »Mach die
Augen zu, schöne Sara« – sagte der Rabbi, und führte seine Frau
weiter durch das Menschengedränge.

Welch ein buntes Treiben! Zumeist waren es Handelsleute, die
laut mit einander feilschten, oder auch mit sich selber sprechend
an den Fingern rechneten, oder auch von einigen hochbepackten
Markthelfern, die im kurzen Hundetrapp hinter ihnen herliefen,
ihre Einkäufe nach der Herberge schleppen ließen. Andre Gesichter ließen merken, dass bloß die Neugier sie herbeigezogen. Am
roten Mantel und der goldnen Halskette erkannte man den breiten
Ratsherrn. Das schwarze, wohlhabend bauschichte Wams verriet
den ehrsamen stolzen Altbürger. Die eiserne Pickelhaube, das gelb-
lederne Wams und die klirrenden Pfundsporen verkündigten den
schweren Reutersknecht. Unterm schwarzen Sammethäubchen,
das in einer Spitze auf der Stirne zusammenlief, barg sich ein rosiges
Mädchengesicht, und die jungen Gesellen, die gleich witternden
Jagdhunden hintendrein sprangen, zeigten sich als vollkomme-
ne Stutzer durch ihre keckbefiederten Barette, ihre klingelnden
Schnabelschuhe und ihre seidnen Kleider von geteilter Farbe, wo
die rechte Seite grün, die linke Seite rot, oder die eine regenbo-
genartig gestreift, die andre buntscheckig gewürfelt war, so dass die
närrischen Burschen aussahen, als wären sie in der Mitte gespalten.

Von der Menschenströmung fortgezogen, gelangte der Rabbi mit seinem Weibe nach dem Römer. Dieses ist der große mit hohen Giebelhäusern umgebene Marktplatz der Stadt, seinen Namen führend von einem ungeheuren Hause das »Zum Römer« hieß und vom Magistrate angekauft und zu einem Rathause geweiht wurde. In diesem Gebäude wählte man Deutschlands Kaiser und vor demselben wurden oft edle Ritterspiele gehalten. Der König Maximilian, der dergleichen leidenschaftlich liebte, war damals in Frankfurt anwesend, und Tags zuvor hatte man ihm zu Ehren, vor dem Römer, ein großes Stechen veranstaltet. An den hölzernen Schranken, die jetzt von den Zimmerleuten abgebrochen wurden, standen noch viele Müßiggänger und erzählten sich, wie gestern der Herzog von Braunschweig und der Markgraf von Brandenburg unter Pauken- und Trompetenschall gegen einander gerannt, wie Herr Walter der Lump den Bärenritter so gewaltig aus dem Sattel gestoßen, dass die Lanzensplitter in die Luft flogen, und wie der lange blonde König Max, im Kreise seines Hofgesindes, auf dem Balkone stand und sich vor Freude die Hände rieb. Die Decken von goldnen Stoffen lagen noch auf der Lehne des Balkons und der spitzbögigen Rathausfenster.

Auch die übrigen Häuser des Marktplatzes waren noch festlich geschmückt und mit Wappenschilden verziert, besonders das Haus Limburg, auf dessen Banner eine Jungfrau gemalt war, die einen Sperber auf der Hand trägt, während ihr ein Affe einen Spiegel vorhält. Auf dem Balkone dieses Hauses standen viele Ritter und Damen, in lächelnder Unterhaltung hinabblickend auf das Volk, das unten in tollen Gruppen und Aufzügen hin und her wogte. Welche Menge Müßiggänger von jedem Stande und Alter drängte sich hier, um ihre Schaulust zu befriedigen! Hier wurde gelacht, gegreint, gestohlen, in die Lenden gekniffen, gejubelt, und zwischendrein schmetterte gellend die Trompete des Arztes, der im roten Mantel, mit seinem Hanswurst und Affen, auf einem hohen Gerüste stand, seine eigne Kunstfertigkeit recht eigentlich

ausposaunte, seine Tinkturen und Wundersalben anpries, oder
ernsthaft das Uringlas betrachtete, das ihm irgend ein altes Weib
vorhielt, oder sich anschickte einem armen Bauer den Backzahn
auszureißen. Zwei Fechtmeister, in bunten Bändern einherflat-
ternd, ihre Rappiere schwingend, begegneten sich hier wie zufällig
und stießen mit Scheinzorn auf einander; nach langem Gefechte
erklärten sie sich wechselseitig für unüberwindlich und sammel-
ten einige Pfennige. Mit Trommler und Pfeifer marschierte jetzt
vorbei die neu errichtete Schützengilde.

Hierauf folgte, angeführt von dem Stöcker, der eine rote Fah-
ne trug, ein Rudel fahrender Fräulein, die aus dem Frauenhause
»Zum Esel« von Würzburg herkamen und nach dem Rosentale
hinzogen, wo die hochlöbliche Obrigkeit ihnen für die Mess-
zeit ihr Quartier angewiesen. »Mach die Augen zu, schöne Sara!«
– sagte der Rabbi. Denn jene fantastisch und allzu knapp be-
kleideten Weibsbilder, worunter einige sehr hübsche, gebärdeten
auf die unzüchtigste Weise, entblößtem ihren weißen, frechen
Busen, neckten die Vorübergehenden mit schamlosen Worten,
schwangen ihre langen Wanderstöcke, und indem sie auf letzteren,
wie auf Steckenpferden, die Sankt-Katharinen-Pforte hinabritten,
sangen sie mit gellender Stimme das Hexenlied:

> »Wo ist der Bock, das Höllentier?
> Wo ist der Bock? Und fehlt der Bock,
> So reiten wir, so reiten wir,
> So reiten wir auf dem Stock!«

Dieser Singsang, den man noch in der Ferne hören konnte, verlor
sich am Ende in den kirchlich langgezogenen Tönen einer heran-
nahenden Prozession. Das war ein trauriger Zug von kahlköpfigen
und barfüßigen Mönchen, welche brennende Wachslichter oder
Fahnen mit Heilgenbildern, oder auch große silberne Kruzifixe
trugen. An ihrer Spitze gingen rot- und weiß-geröckte Knaben

mit dampfenden Weihrauchkesseln. In der Mitte des Zuges unter einem prächtigen Baldachin, sah man Geistliche in weißen Chorhemden von kostbaren Spitzen oder in buntseidnen Stolen, und einer derselben trug in der Hand ein sonnenartig goldnes Gefäß, das er, bei einer Heiligennische der Marktecke anlangend, hoch emporhob, während er lateinische Worte halb rief, halb sang... Zugleich erklingelte ein kleines Glöckchen und alles Volk ringsum verstummte, fiel auf die Knie und bekreuzte sich. Der Rabbi aber sprach zu seinem Weibe: »mach die Augen zu, schöne Sara!« – und hastig zog er sie von hinnen, nach einem schmalen Nebengässchen, durch ein Labyrinth von engen und krummen Straßen, und endlich über den unbewohnten, wüsten Platz, der das neue Judenquartier von der übrigen Stadt trennte.

Vor jener Zeit wohnten die Juden zwischen dem Dom und dem Mainufer, nämlich von der Brücke bis zum Lumpenbrunnen und von der Mehlwage bis zu Sankt Bartholomäi. Aber die katholischen Priester erlangten eine päpstliche Bulle, die den Juden verwehrte in solcher Nähe der Hauptkirche zu wohnen, und der Magistrat gab ihnen einen Platz auf dem Wollgraben, wo sie das heutige Judenquartier erbauten. Dieses war mit starken Mauern versehen, auch mit eisernen Ketten vor den Toren, um sie gegen Pöbelandrang zu sperren. Denn hier lebten die Juden ebenfalls in Druck und Angst, und mehr als heut zu Tage in der Erinnerung früherer Nöten. Im Jahr 1240 hatte das entzügelte Volk ein großes Blutbad unter ihnen angerichtet, welches man die erste Judenschlacht nannte, und im Jahr 1349, als die Geißler, bei ihrem Durchzuge, die Stadt anzündeten und die Juden des Brandstiftens anklagten, wurden diese von dem aufgereizten Volke zum größten Teil ermordet oder sie fanden den Tod in den Flammen ihrer eignen Häuser, welches man die zweite Judenschlacht nannte.

Später bedrohte man die Juden noch oft mit dergleichen Schlachten, und bei innern Unruhen Frankfurts, besonders bei einem Streite des Rates mit den Zünften, stand der Christenpöbel

oft im Begriff das Judenquartier zu stürmen. Letzteres hatte zwei
Tore, die an katholischen Feiertagen von außen, an jüdischen
Feiertagen von innen geschlossen wurden, und vor jedem Tor
befand sich ein Wachthaus mit Stadtsoldaten.

Als der Rabbi mit seinem Weibe an das Tor des Judenquartiers
gelangte, lagen die Landsknechte, wie man durch die offnen Fenster sehen konnte, auf der Pritsche ihrer Wachtstube, und draußen,
vor der Türe, im vollen Sonnenschein, saß der Trommelschläger
und fantasierte auf seiner großen Trommel. Das war eine schwere
dicke Gestalt; Wams und Hosen von feuergelbem Tuch, an Armen
und Lenden weit aufgepufft, und als wenn unzählige Menschen-
zungen daraus hervorleckten, von oben bis unten besät mit kleinen eingenähten roten Wülstchen; Brust und Rücken gepanzert
mit schwarzen Tuchpolstern, woran die Trommel hing; auf dem
Kopfe eine platte runde schwarze Kappe; das Gesicht eben so platt
und rund, auch orangengelb und mit roten Schwärchen gespickt,
und verzogen zu einem gähnenden Lächeln. So saß der Kerl und
trommelte die Melodie des Liedes, das einst die Geißler bei der
Judenschlacht gesungen, und mit seinem rauhen Biertone gurgelte
er die Worte:

> »Unsre liebe Fraue,
> Die ging im Morgentaue,
> Kyrie Eleison!«

»Hans, das ist eine schlechte Melodie« – rief eine Stimme hinter
dem verschlossenen Tore des Judenquartiers – »Hans, auch ein
schlecht Lied, passt nicht für die Trommel, passt gar nicht, und
bei Leibe nicht in der Messe und am Ostermorgen, schlecht Lied,
gefährlich Lied, Hans, Hänschen, klein Trommelhänschen, ich
bin ein einzelner Mensch, und wenn du mich lieb hast, wenn du
den Stern lieb hast, den langen Stern, den langen Nasenstern, so
hör auf!«

Diese Worte wurden von dem ungesehenen Sprecher, teils angstvoll hastig, teils aufseufzend langsam hervorgestoßen, in einem Tone worin das ziehend Weiche und das heiser Harte schroff abwechselte, wie man ihn bei Schwindsüchtigen findet; Der Trommelschläger blieb unbewegt, und in der vorigen Melodie forttrommelnd sang er weiter:

»Da kam ein kleiner Junge,
Sein Bart war ihm entsprungen,
Halleluja!«

»Hans« – rief wieder die Stimme des obenerwähnten Sprechers – »Hans, ich bin ein einzelner Mensch, und es ist ein gefährlich Lied, und ich hör' es nicht gern, und ich hab' meine Gründe, und wenn du mich lieb hast, singst du was anders, und morgen trinken wir…«

———————

Bei dem Wort »Trinken« hielt der Hans inne mit seinem Trommeln und Singen, und biedern Tones sprach er: »Der Teufel hole die Juden, aber du, lieber Nasenstern, bist mein Freund, ich beschütz' dich, und wenn wir noch oft zusammen trinken, werde ich dich auch bekehren. Ich will dein Pate sein, wenn du getauft wirst, wirst du selig, und wenn du Genie hast und fleißig bei mir lernst, kannst du sogar noch Trommelschläger werden. Ja, Nasenstern, du kannst es noch weit bringen, ich will dir den ganzen Katechismus vortrommeln, wenn wir morgen zusammen trinken – aber jetzt mach mal das Tor auf, da stehen zwei Fremde und begehren Einlass.«

»Das Tor auf?« – schrie der Nasenstern und die Stimme versagte ihm fast. »Das geht nicht so schnell, lieber Hans, man kann nicht wissen, man kann gar nicht wissen, und ich bin ein einzelner Mensch. Der Veitel Rindskopf hat den Schlüssel und steht jetzt still in der Ecke und brümmelt sein Achtzehn-Gebet; da darf man sich nicht unterbrechen lassen. Jäkel der Narr ist auch hier, aber er schlägt jetzt sein Wasser ab. Ich bin ein einzelner Mensch!«

»Der Teufel hole die Juden!« – rief der Trommelhans, und über diesen eignen Witz laut lachend, trollte er sich nach der Wachtstube und legte sich ebenfalls auf die Pritsche.

Während nun der Rabbi mit seinem Weibe jetzt ganz allein vor dem großen verschlossenen Tore stand, erhub sich hinter demselben eine schnurrende, näselnde, etwas spöttisch gezogene Stimme: »Sternchen, dröhnle nicht so lange, nimm die Schlüssel aus Rindsköpfchens Rocktasche, oder nimm deine Nase, und schließe damit das Tor auf. Die Leute stehen schon lange und warten.«

»Die Leute?« – schrie ängstlich die Stimme des Mannes, den man den Nasenstern nannte – »ich glaubte es wäre nur einer, und ich bitte dich, Narr, lieber Jäkel Narr, guck mal heraus wer da ist?«

Da öffnete sich im Tore ein kleines, wohlvergittertes Fensterlein, und zum Vorschein kam eine gelbe, zweihörnige Mütze und darunter das drollig verschnörkelte Lustigmachergesicht Jäkels des Narren. In demselben Augenblicke schloss sich wieder die Fensterluke und ärgerlich schnarrte es: »Mach auf, mach auf, draußen ist nur ein Mann und ein Weib.«

»Ein Mann und ein Weib!« – ächzte der Nasenstern – »Und wenn das Tor aufgemacht wird, wirft das Weib den Rock ab und es ist auch ein Mann, und es sind dann zwei Männer, und wir sind nur unserer Drei!«

»Sei kein Hase« – erwiderte Jäkel der Narr – »und sei herzhaft und zeige Courage!«

»Courage!« – rief der Nasenstern und lachte mit verdrießlicher Bitterkeit – »Hase! Hase ist ein schlechter Vergleich, Hase ist ein unreines Tier. Courage! Man hat mich nicht der Courage wegen hierhergestellt, sondern der Vorsicht halber. Wenn zu viele kommen soll ich schreien. Aber ich selbst kann sie nicht zurückhalten. Mein Arm ist schwach, ich trage eine Fontenelle und ich bin ein einzelner Mensch. Wenn man auf mich schießt bin ich tot. Dann sitzt der reiche Mendel Reiß am Sabbat bei Tische, und wischt sich vom Maul die Rosinensauce, und streichelt sich den Bauch, und sagt vielleicht: Das lange Nasensternchen war doch ein braves Kerlchen, wär' Es nicht gewesen, so hätten sie das Tor gesprengt, Es hat sich doch für uns totschießen lassen, Es war ein braves Kerlchen, schade dass es tot ist —«

Die Stimme wurde hier allmählig weich und weinerlich, aber plötzlich schlug sie über in einen hastigen, fast erbitterten Ton: »Courage! Und damit der reiche Mendel Reiß sich die Rosinensauce vom Maul abwischen, und sich den Bauch streicheln, und mich braves Kerlchen nennen möge, soll ich mich totschießen lassen? Courage! Herzhaft! Der kleine Strauß war herzhaftig, und hat gestern auf dem Römer dem Stechen zugesehen, und hat geglaubt man kenne ihn nicht, weil er einen violetten Rock trug, von Samt, drei Gulden die Elle, mit Fuchsschwänzchen, ganz goldgestickt, ganz prächtig – und sie haben ihm den violetten Rock so lange geklopft bis er abfärbte und auch sein Rücken violett geworden ist und nicht mehr menschenähnlich sieht. Courage! Der krumme Leser war herzhaftig, nannte unseren lumpigen Schultheiß einen Lump, und sie haben ihn an den Füßen aufgehängt, zwischen zwei Hunden, und der Trommelhans trommelte. Courage! Sei kein Hase! Unter den vielen Hunden ist der Hase verloren, ich bin ein einzelner Mensch, und ich habe wirklich Furcht!«

»Schwör mal!« – rief Jäkel der Narr.

»Ich habe wirklich Furcht!« – wiederholte seufzend der Nasenstern – »ich weiß die Furcht liegt im Geblüt und ich habe es von meiner seligen Mutter —«

»Ja, ja!« – unterbrach ihn Jäkel der Narr – »und deine Mutter hatte es von ihrem Vater, und der hatte es wieder von dem seinigen, und so hatten es deine Voreltern einer vom andern, bis auf deinen Stammvater, welcher unter König Saul gegen die Philister zu Felde zog und der erste war welcher Reißaus nahm. – Aber

sich mal, Rindsköpfchen ist gleich fertig, er hat sich bereits zum
viertenmal gebückt, schon hüpft er wie ein Floh bei dem dreima-
ligen Worte Heilig, und jetzt greift er vorsichtig in die Tasche...«

In der Tat, die Schlüssel rasselten, knarrend öffnete sich ein
Flügel des Tores, und der Rabbi und sein Weib traten in die ganz
menschenleere Judengasse. Der Aufschließer aber, ein kleiner
Mann mit gutmütig sauerm Gesicht, nickte träumerisch wie
einer, der in seinen Gedanken nicht gern gestört sein möchte,
und nachdem er das Tor wieder sorgsam verschlossen, schlappte
er, ohne ein Wort zu reden, nach einem Winkel hinter dem Tore,
beständig Gebete vor sich hinmurmelnd. Minder schweigsam war
Jäkel der Narr, ein untersetzter, etwas krummbeiniger Gesell, mit
einem lachend vollroten Antlitz und einer unmenschlich großen
Fleischhand, die er, aus den weiten Ärmeln seiner buntscheckigen
Jacke, zum Willkomm hervorstreckte. Hinter ihm zeigte oder
vielmehr barg sich eine lange, magere Gestalt, der schmale Hals
weißbefiedert von einer feinen batistnen Krause, und das dünne,
blasse Gesicht gar wundersam geziert mit einer fast unglaublich
langen Nase, die sich neugierig angstvoll hin und her bewegte.

»Gott willkommen! Zum guten Festtag!« – rief Jäkel der Narr –
»wundert Euch nicht dass jetzt die Gasse so leer und still ist. Alle
unsere Leute sind jetzt in der Synagoge und Ihr kommt eben zur
rechten Zeit um dort die Geschichte von der Opferung Isaaks vorlesen zu hören. Ich kenne sie, es ist eine interessante Geschichte,
und wenn ich sie nicht schon dreiunddreißigmal angehört hätte,
so würde ich sie gern dies Jahr noch einmal hören. Und es ist
eine wichtige Geschichte, denn wenn Abraham den Isaak wirklich geschlachtet hätte, und nicht den Ziegenbock, so wären jetzt
mehr Ziegenböcke und weniger Juden auf der Welt.« – Und mit
wahnsinnig lustiger Grimasse fing der Jäkel an folgendes Lied aus
der Agade zu singen:

»Ein Böcklein, ein Böcklein, das gekauft Väterlein, er gab dafür
zwei Suslein; ein Böcklein! ein Böcklein!

»Es kam ein Kätzlein, und aß das Böcklein, das gekauft Väterlein, er gab dafür zwei Suslein; ein Böcklein, ein Böcklein!

»Es kam ein Hündlein, und biss das Kätzlein, das gefressen das Böcklein, das gekauft Väterlein, er gab dafür zwei Suslein; ein Böcklein, ein Böcklein!

»Es kam ein Stöcklein und schlug das Hündlein, das gebissen das Kätzlein, das gefressen das Böcklein, das gekauft Väterlein, er gab dafür zwei Suslein; ein Böcklein, ein Böcklein!

»Es kam ein Feuerlein und verbrannte das Stöcklein, das geschlagen das Hündlein, das gebissen das Kätzlein, das gefressen das Böcklein, das gekauft Väterlein, er gab dafür zwei Suslein; ein Böcklein, ein Böcklein!

»Es kam ein Wässerlein und löschte das Feuerlein, das verbrannt das Stöcklein, das geschlagen das Hündlein, das gebissen das Kätzlein, das gefressen das Böcklein, das gekauft Väterlein, er gab dafür zwei Suslein; ein Böcklein, ein Böcklein!

»Es kam ein Öchslein und soff das Wässerlein, das gelöscht das Feuerlein, das verbrannt das Stöcklein, das geschlagen das Hündlein, das gebissen das Kätzlein, das gefressen das Böcklein, das gekauft Väterlein, er gab dafür zwei Suslein; ein Böcklein, ein Böcklein!

»Es kam ein Schlächterlein und schlachtete das Öchslein, das gesoffen das Wässerlein, das gelöscht das Feuerlein, das verbrannt das Stöcklein, das geschlagen das Hündlein, das gebissen das Kätzlein, das gefressen das Böcklein, das gekauft Väterlein, er gab dafür zwei Suslein; ein Böcklein, ein Böcklein!

»Es kam ein Todesenglein und schlachtete das Schlächterlein, das geschlachtet das Öchslein, das gesoffen das Wässerlein, das gelöscht das Feuerlein, das verbrannt das Stöcklein, das geschlagen das Hündlein, das gebissen das Kätzlein, das gefressen das Böcklein, das gekauft Väterlein, er gab dafür zwei Suslein; ein Böcklein, ein Böcklein!«

»Ja, schöne Frau« – fügte der Sänger hinzu – »einst kommt der Tag, wo der Engel des Todes den Schlächter schlachten wird, und

all unser Blut kommt über Edom; denn Gott ist ein rächender
Gott - - -«

Aber plötzlich den Ernst, der ihn unwillkürlich beschlichen,
gewaltsam abstreifend, stürzte sich Jäkel der Narr wieder in seine
Possenreißerein und fuhr fort mit schnarrendem Lustigmachertone: »Fürchtet Euch nicht, schöne Frau, der Nasenstern tut Euch
nichts zu Leid. Nur für die alte Schnapper-Elle ist er gefährlich.
Sie hat sich in seine Nase verliebt, aber die verdient es auch. Sie
ist schön wie der Turm der gen Damaskus schaut und erhaben
wie die Ceder des Libanons. Auswendig glänzt sie wie Glimmgold
und Sirop, und inwendig ist lauter Musik und Lieblichkeit. Im
Sommer blüht sie, im Winter ist sie zugefroren, und Sommer und
Winter wird sie gehätschelt von Schnapper-Elles weißen Händen.
Ja, die Schnapper-Elle ist verliebt in ihn, ganz vernarrt. Sie pflegt
ihn, sie füttert ihn, und sobald er fett genug ist, wird sie ihn
heuraten, und für ihr Alter ist sie noch jung genug, und wer mal
nach dreihundert Jahren hierher nach Frankfurt kömmt, wird den
Himmel nicht sehen können vor lauter Nasensternen!«

»Ihr seid Jäkel der Narr« – rief lachend der Rabbi – »ich merk'
es an Euren Worten. Ich habe oft von Euch sprechen gehört.«

»Ja, ja« – erwiderte jener mit drolliger Bescheidenheit – »ja, ja,
das macht der Ruhm. Man ist oft weit und breit für einen größeren Narren bekannt als man selbst weiß. Doch ich gebe mir viele
Mühe ein Narr zu sein und springe und schüttle mich, damit die
Schellen klingeln. Andere haben's leichter… Aber sagt mir, Rabbi,
warum reiset Ihr am Feiertage?«

»Meine Rechtfertigung« – versetzte der Befragte – »steht im
Talmud, und es heißt: Gefahr vertreibt den Sabbat.«

»Gefahr!« – schrie plötzlich der lange Nasenstern und gebärdete
sich wie in Todesangst – »Gefahr! Gefahr! Trommelhans trommel',
trommle, Gefahr! Gefahr! Trommelhans…«

Draußen aber rief der Trommelhans mit seiner dicken Bierstimme: »Tausend Donner Sakrament! Der Teufel hole die Juden!

Das ist schon das drittemal, dass du mich heute aus dem Schlafe weckst, Nasenstern! Mach mich nicht rasend! Wenn ich rase,
werde ich wie der leibhaftige Satanas, und dann, so wahr ich ein
Christ bin, dann schieße ich mit der Büchse durch die Gitterluke
des Tores, und dann hüte jeder seine Nase!«

»Schieß nicht! schieß nicht! ich bin ein einzelner Mensch« –
wimmerte angstvoll der Nasenstern und drückte sein Gesicht fest
an die nächste Mauer, und in dieser Stellung verharrte er zitternd
und leise betend.

»Sagt, sagt, was ist passiert?« – rief jetzt auch Jäkel der Narr,
mit all jener hastigen Neugier, die schon damals den Frankfurter
Juden eigentümlich war.

Der Rabbi aber riss sich von ihm los und ging mit seinem Weibe
weiter die Judengasse hinauf. »Sieh, schöne Sara« – sprach er seufzend – »wie schlecht geschützt ist Israel! Falsche Freunde hüten
seine Tore von außen, und drinnen sind seine Hüter Narrheit
und Furcht!«

Langsam wanderten die beiden durch die lange, leere Straße,
wo nur hie und da ein blühender Mädchenkopf zum Fenster
hinausguckte, während sich die Sonne in den blanken Scheiben
festlich heiter bespiegelte. Damals nämlich waren die Häuser des
Judenviertels noch neu und nett, auch niedriger wie jetzt, indem
erst späterhin die Juden, als sie in Frankfurt sich sehr vermehrten
und doch ihr Quartier nicht erweitern durften, dort immer ein
Stockwerk über das andere bauten, sardellenartig zusammenrück-
ten und dadurch an Leib und Seele verkrüppelten. Der Teil des Judenquartiers, der nach dem großen Brande stehen geblieben und
den man die Alte Gasse nennt, jene hohen schwarzen Häuser, wo
ein grinsendes, feuchtes Volk umherschachert, ist ein schauderhaf-
tes Denkmal des Mittelalters. Die ältere Synagoge existiert nicht
mehr; sie war minder geräumig als die jetzige, die später erbaut
wurde, nachdem die Nüremberger Vertriebenen in die Gemeinde
aufgenommen worden. Sie lag nördlicher. Der Rabbi brauchte

ihre Lage nicht erst zu erfragen. Schon aus der Ferne vernahm er
die vielen, verworrenen und überaus lauten Stimmen. Im Hofe
des Gotteshauses trennte er sich von seinem Weibe. Nachdem
er an dem Brunnen, der dort steht, seine Hände gewaschen, trat
er in jenen untern Teil der Synagoge, wo die Männer beten; die
schöne Sara hingegen erstieg eine Treppe und gelangte oben nach
der Abteilung der Weiber.

————

Diese obere Abteilung war eine Art Galerie mit drei Reihen
hölzerner, braunrot angestrichener Sitze, deren Lehne oben mit
einem hängenden Brette versehen war, das, um das Gebetbuch
darauf zu legen, sehr bequem aufgeklappt werden konnte. Die
Frauen saßen hier schwatzend neben einander, oder standen aufrecht, inbrünstig betend; manchmal auch traten sie neugierig an
das große Gitter, das sich längs der Morgenseite hinzog und durch
dessen dünne grüne Latten man hinabschauen konnte in die untere Abteilung der Synagoge. Dort, hinter hohen Betpulten, standen
die Männer in ihren schwarzen Mänteln, die spitzen Bärte herab-
schießend über die weißen Halskrausen, und die plattbedeckten
Köpfe mehr oder minder verhüllt von einem viereckigen, mit
den gesetzlichen Schaufäden versehenen Tuche, das aus weißer
Wolle oder Seide bestand, mitunter auch mit goldnen Tressen
geschmückt war.

Die Wände der Synagoge waren ganz einförmig geweißt, und
man sah dort keine andre Zierrat als etwa das vergoldete Eisen-
gitter um die viereckige Bühne, wo die Gesetzabschnitte verlesen
werden, und die heilige Lade, ein kostbar gearbeiteter Kasten,
scheinbar getragen von marmornen Säulen mit üppigen Kapi-
tälern, deren Blumen- und Laubwerk gar lieblich emporrankte,
und bedeckt mit einem Vorhang von kornblauem Sammet, worauf mit Goldflittern, Perlen und bunten Steinen eine fromme
Inschrift gestickt war. Hier hing die silberne Gedächtnis-Ampel

und erhob sich ebenfalls eine vergitterte Bühne, auf deren Gelän-
der sich allerlei heilige Geräte befanden, unter andern der sieben-
armige Tempel-Leuchter, und vor demselben, das Antlitz gegen
die Lade, stand der Vorsänger, dessen Gesang instrumentenartig
begleitet wurde von den Stimmen seiner beiden Gehülfen, des
Bassisten und des Diskantsingers.

Die Juden haben nämlich alle wirkliche Instrumentalmusik aus
ihrer Kirche verbannt, wähnend, dass der Lobgesang Gottes er-
baulicher aufsteige aus der warmen Menschenbrust als aus kalten
Orgelpfeifen. Recht kindlich freute sich die schöne Sara, als jetzt
der Vorsänger, ein trefflicher Tenor, seine Stimme erhob und die
uralten, ernsten Melodien, die sie so gut kannte, in noch nie ge-
ahndeter junger Lieblichkeit aufblüheten, während der Bassist,
zum Gegensatze, die tiefen, dunkeln Töne hineinbrummte, und
in den Zwischenpausen der Diskantsänger fein und süß triller-
te. Solchen Gesang hatte die schöne Sara in der Synagoge von
Bacherach niemals gehört, denn der Gemeindevorsteher, David
Lewi, machte dort den Vorsänger, und wenn dieser schon bejahrte
zitternde Mann, mit seiner zerbröckelten, meckernden Stimme
wie ein junges Mädchen trillern wollte, und in solch gewaltsa-
mer Anstrengung seinen schlaff herabhängenden Arm fieberhaft
schüttelte, so reizte dergleichen wohl mehr zum Lachen als zur
Andacht.

Ein frommes Behagen, gemischt mit weiblicher Neugier, zog
die schöne Sara ans Gitter, wo sie hinabschauen konnte in die
untere Abteilung, die sogenannte Männerschule. Sie hatte noch
nie eine so große Anzahl Glaubensgenossen gesehen, wie sie da
unten erblickte, und es ward ihr noch heimlich wohler ums Herz
in der Mitte so vieler Menschen, die ihr so nahe verwandt durch
gemeinschaftliche Abstammung, Denkweise und Leiden. Aber
noch viel bewegter wurde die Seele des Weibes, als drei alte Männer ehrfurchtsvoll vor die heilige Lade traten, den glänzenden
Vorhang an die Seite schoben, den Kasten aufschlossen und sorg-

sam jenes Buch herausnahmen, das Gott mit heilig eigner Hand
geschrieben und für dessen Erhaltung die Juden so viel erduldet,
so viel Elend und Hass, Schmach und Tod, ein tausendjähriges
Martyrium. Dieses Buch, eine große Pergamentrolle, war wie ein
fürstliches Kind in einem buntgestickten Mäntelchen von rotem
Sammet gehüllt; oben, auf den beiden Rollhölzern, steckten zwei
silberne Gehäuschen, worin allerlei Granaten und Glöckchen sich
zierlich bewegten und klingelten, und vorn, an silbernen Kett-
chen, hingen goldne Schilde mit bunten Edelsteinen.

Der Vorsänger nahm das Buch, und als sei es ein wirkliches
Kind, ein Kind um dessentwillen man große Schmerzen erlitten
und das man nur desto mehr liebt, wiegte er es in seinen Armen, tänzelte damit hin und her, drückte es an seine Brust, und
durchschauert von solcher Berührung, erhub er seine Stimme
zu einem so jauchzend frommen Dankliede, dass es der schönen
Sara bedünkte, als ob die Säulen der heiligen Lade zu blühen
begönnen, und die wunderbaren Blumen und Blätter der Kapi-
täler immer höher hinaufwüchsen, und die Töne des Diskanten
sich in lauter Nachtigallen verwandelten, und die Wölbung der
Synagoge gesprengt würde von den gewaltigen Tönen des Bassisten, und die Freudigkeit Gottes herabströmte aus dem blauen
Himmel.

Das war ein schöner Psalm. Die Gemeinde wiederholte chorartig die Schlussverse, und nach der erhöhten Bühne in der Mitte
der Synagoge schritt langsam der Vorsänger mit dem heiligen
Buche, während Männer und Knaben sich hastig hinzudrängten
um die Sammethülle desselben zu küssen oder auch nur zu berühren. Auf der erwähnten Bühne zog man von dem heiligen
Buche das samtne Mäntelchen, so wie auch die mit bunten Buch-
staben beschriebenen Windeln, womit es umwickelt war, und aus
der geöffneten Pergamentrolle, in jenem singenden Tone, der am
Paschafest noch gar besonders moduliert wird, las der Vorsänger
die erbauliche Geschichte von der Versuchung Abrahams.

Die schöne Sara war bescheiden vom Gitter zurückgewichen, und eine breite, putzbeladene Frau von mittlerem Alter und gar gespreizt wohlwollendem Wesen, hatte ihr, mit stummen Nicken, die Miteinsicht in ihrem Gebetbuche vergönnt. Diese Frau mochte wohl keine große Schriftgelehrtin sein; denn als sie die Gebete murmelnd vor sich hinlas, wie die Weiber, da sie nicht laut mitsingen dürfen, zu tun pflegen, so bemerkte die schöne Sara, dass sie viele Worte allzusehr nach Gutdünken aussprach und manche gute Zeile ganz überschlupperte. Nach einer Weile aber hoben sich schmachtend langsam die wasserklaren Augen der guten Frau, ein flaches Lächeln glitt über das porzellanhaft rot und weiße Gesicht, und mit einem Tone, der so vornehm als möglich hinschmelzen wollte, sprach sie zur schönen Sara:

»Er singt sehr gut. Aber ich habe doch in Holland noch viel besser singen hören. Sie sind fremd und wissen vielleicht nicht, dass es der Vorsänger aus Worms ist, und dass man ihn hier behalten will wenn er mit jährlichen vierhundert Gulden zufrieden. Es ist ein lieber Mann und seine Hände sind wie Alabaster. Ich halte viel von einer schönen Hand. Eine schöne Hand ziert den ganzen Menschen!« – Dabei legte die gute Frau selbstgefällig ihre Hand, die wirklich noch schön war, auf die Lehne des Betpultes, und mit einer graziösen Beugung des Hauptes andeutend, dass sie sich im Sprechen nicht gern unterbrechen lasse, setzte sie hinzu: »Das Singerchen ist noch ein Kind und sieht sehr abgezehrt aus. Der Bass ist gar zu hässlich und unser Stern hat mal sehr witzig gesagt: Der Bass ist ein größerer Narr als man von einem Bass zu verlangen braucht! Alle drei speisen in meiner Garküche, und Sie wissen vielleicht nicht, dass ich Elle Schnapper bin.«

Die schöne Sara dankte für diese Mitteilung, wogegen wieder die Schnapper-Elle ihr ausführlich erzählte, wie sie einst in Amsterdam gewesen, dort wegen ihrer Schönheit gar vielen Nachstellungen unterworfen war, und wie sie drei Tage vor Pfingsten nach Frankfurt gekommen und den Schnapper geheuratet, wie dieser

am Ende gestorben, wie er auf dem Todbette die rührendsten
Dinge gesprochen, und wie es schwer sei als Vorsteherin einer
Garküche die Hände zu konservieren. Manchmal sah sie nach
der Seite, mit wegwerfendem Blicke, der wahrscheinlich einigen
spöttischen jungen Weibern galt, die ihren Anzug musterten.

Merkwürdig genug war diese Kleidung: ein weitausgebausch-
ter Rock von weißem Atlas, worin alle Tierarten der Arche Noä
grellfarbig gestickt, ein Wams von Goldstoff wie ein Kürass, die
Ärmel von rotem Samt, gelb geschlitzt, auf dem Haupte eine unmenschlich hohe Mütze, um den Hals eine allmächtige Krause
von weißem Steiflinnen, so wie auch eine silberne Kette, woran
allerlei Schaupfennige, Kameen und Raritäten, unter andern ein
großes Bild der Stadt Amsterdam, bis über den Busen herab-
hingen. Aber die Kleidung der übrigen Frauen war nicht minder
merkwürdig und bestand wohl aus einem Gemische von Moden
verschiedener Zeiten, und manches Weiblein, bedeckt mit Gold
und Diamanten, glich einem wandelnden Juwelierladen.

Es war freilich den Frankfurter Juden damals eine bestimmte
Kleidung gesetzlich vorgeschrieben, und zur Unterscheidung von
den Christen, sollten die Männer an ihren Mänteln gelbe Ringe
und die Weiber an ihren Mützen hochaufstehende blaugestreifte
Schleier tragen. Jedoch im Judenquartier wurde diese obrigkeit-
liche Verordnung wenig beachtet, und dort, besonders an Festtagen, und zumal in der Synagoge, suchten die Weiber so viel
Kleiderpracht als möglich gegen einander auszukramen, teils um
sich beneiden zu lassen, teils um den Wohlstand und die Kredit-
fähigkeit ihrer Eheherrn darzutun.

Während nun unten in der Synagoge die Gesetzabschnitte aus
den Büchern Mosis vorgelesen werden, pflegt dort die Andacht
etwas nachzulassen. Mancher macht es sich bequem und setzt
sich nieder, flüstert auch wohl mit einem Nachbar über weltliche
Angelegenheiten, oder geht hinaus auf den Hof, um frische Luft
zu schöpfen.

Kleine Knaben nehmen sich unterdessen die Freiheit ihre Mütter in der Weiberabteilung zu besuchen, und hier hat alsdann die Andacht wohl noch größere Rückschritte gemacht; hier wird geplaudert, geruddelt, gelacht, und, wie es überall geschieht, die jüngeren Frauen scherzen über die alten, und diese klagen wieder über Leichtfertigkeit der Jugend und Verschlechterung der Zeiten. Gleichwie es aber unten in der Synagoge zu Frankfurt einen Vorsänger gab, so gab es in der obern Abteilung eine Vorklatscherin. Das war Hündchen Reiß, eine platte grünliche Frau, die jedes Unglück witterte und immer eine skandalöse Geschichte auf der Zunge trug. Die gewöhnliche Zielscheibe ihrer Spitzreden war die arme Schnapper-Elle, sie wusste gar drollig die erzwungen vornehmen Gebärden derselben nachzuäffen, so wie auch den schmachtenden Anstand womit sie die schalkhaften Huldigungen der Jugend entgegen nimmt.

»Wisst Ihr wohl« – rief jetzt Hündchen Reiß – »die Schnapper-Elle hat gestern gesagt: wenn ich nicht schön und klug und geliebt wäre, so möchte ich nicht auf der Welt sein!«

Da wurde etwas laut gekichert, und die nahstehende Schnapper-Elle, merkend dass es auf ihre Kosten geschah, hob verachtungsvoll ihr Auge empor, und wie ein stolzes Prachtschiff segelte sie nach einem entfernteren Platze. Die Vögele Ochs, eine runde, etwas täppische Frau, bemerkte mitleidig: die Schnapper-Elle sei zwar eitel und beschränkt, aber sehr bravmütig, und sie tue sehr viel Gutes an Leute, die es nötig hätten.

»Besonders an den Nasenstern« – zischte Hündchen Reiß. Und alle die das zarte Verhältnis kannten, lachten um so lauter.

»Wisst Ihr wohl« – setzte Hündchen hämisch hinzu – »der Nasenstern schläft jetzt auch im Hause der Schnapper-Elle... Aber seht mal dort unten die Süschen Flörsheim trägt die Halskette die Daniel Fläsch bei ihrem Manne versetzt hat. Die Fläsch ärgert sich... Jetzt spricht sie mit der Flörsheim... Wie sie sich so freundlich die Hand drücken! Und hassen sich doch wie Midian

und Moab! Wie sie sich so liebevoll anlächeln! Fresst Euch nur
nicht vor lauter Zärtlichkeit! Ich will mir das Gespräch anhören.«

Und nun, gleich einem lauernden Tiere, schlich Hündchen
Reiß hinzu und hörte, dass die beiden Frauen teilnehmend einander klagten, wie sehr sie sich verflossene Woche abgearbeitet, um
in ihren Häusern aufzuräumen und das Küchengeschirr zu scheu-
ern, was vor dem Paschafeste geschehen muss, damit kein einziges
Brosämchen der gesäuerten Bröte daran kleben bleibe. Auch von
der Mühseligkeit beim Backen der ungesäuerten Bröte sprachen
die beiden Frauen. Die Fläsch hatte noch besondere Beklagnisse:
im Backhause der Gemeinde musste sie viel Ärger erleiden, nach
der Entscheidung des Loses konnte sie dort erst in den letzten
Tagen, am Vorabend des Festes, und erst spät Nachmittags zum
Backen gelangen, die alte Hanne hatte den Teig schlecht geknetet,
die Mägde rollten mit ihren Wergelhölzern den Teig viel zu dünn,
die Hälfte der Bröte verbrannte im Ofen, und außerdem regnete
es so stark, dass es durch das bretterne Dach des Backhauses beständig tröpfelte, und sie mussten sich dort, nass und müde, bis
tief in die Nacht abarbeiten.

»Und daran, liebe Flörsheim« – setzte die Fläsch hinzu mit einer
schonenden Freundlichkeit, die keineswegs echt war – »daran
waren Sie auch ein bischen schuld, weil Sie mir nicht Ihre Leute
zur Hülfleistung beim Backen geschickt haben.«

»Ach Verzeihung« – erwiderte die andre – »meine Leute waren
zu sehr beschäftigt, die Messwaren müssen verpackt werden, wir
haben jetzt so viel zu tun, mein Mann…«

»Ich weiß« – fiel ihr die Fläsch mit schneidend hastigem Tone in
die Rede – »ich weiß, Ihr habt viel zu tun, viel Pfänder, und gute
Geschäfte, und Halsketten…«

Eben wollte ein giftiges Wort den Lippen der Sprecherin ent-
gleiten und die Flörsheim ward schon rot wie ein Krebs, als plötzlich Hündchen Reiß laut aufkreischte: »Um Gottes willen, die
fremde Frau liegt und stirbt… Wasser! Wasser!«

Die schöne Sara lag in Ohnmacht, blass wie der Tod, und um
sie herum drängte sich ein Schwarm von Weibern, geschäftig und
jammernd. Die eine hielt ihr den Kopf, eine zweite hielt ihr den
Arm; einige alte Frauen bespritzten sie mit den Wassergläschen,
die hinter ihren Betpulten hängen, zum Behufe des Händewa-
schens, im Fall sie zufällig ihren eignen Leib berührten; andre
hielten unter die Nase der Ohnmächtigen eine alte Zitrone, die
mit Gewürznägelchen durchstochen, noch vom letzten Fasttage
herrührte, wo sie zum nervenstärkenden Anriechen diente.

Ermattet und tief seufzend schlug endlich die schöne Sara die
Augen auf, und mit stummen Blicken dankte sie für die gütige
Sorgfalt. Doch jetzt ward unten das Achtzehn-Gebet, welches niemand versäumen darf, feierlich angestimmt, und die geschäftigen
Weiber eilten zurück nach ihren Plätzen, und verrichteten jenes
Gebet, wie es geschehen muss, stehend und das Gesicht gewendet
gegen Morgen, welches die Himmelsgegend wo Jerusalem liegt.
Vögele Ochs, Schnapper-Elle und Hündchen Reiß verweilten
am längsten bei der schönen Sara; die beiden ersteren indem sie
ihr eifrigst ihre Dienste anboten, die letztere, nachdem sie sich
nochmals bei ihr erkundigte: weshalb sie so plötzlich ohnmächtig
geworden?

Die Ohnmacht der schönen Sara hatte aber eine ganz besondere
Ursache. Es ist nämlich Gebrauch in der Synagoge, dass jemand,
welcher einer großen Gefahr entronnen, nach der Verlesung der
Gesetzabschnitte, öffentlich hervortritt und der göttlichen Vor-
sicht für seine Rettung dankt. Als nun Rabbi Abraham zu solcher
Danksagung unten in der Synagoge sich erhob, und die schöne
Sara die Stimme ihres Mannes erkannte, merkte sie wie der Ton
derselben allmählig in das trübe Gemurmel des Totengebetes
überging, sie hörte die Namen ihrer Lieben und Verwandten,
und zwar begleitet von jenem segnenden Beiwort, das man den
Verstorbenen erteilt... und die letzte Hoffnung schwand aus der
Seele der schönen Sara, und ihre Seele ward zerrissen von der

Gewißheit, dass ihre Lieben und Verwandte wirklich ermordet worden, dass ihre kleine Nichte tot sei, dass auch ihre Bäschen, Blümchen und Vögelchen, tot seien, auch der kleine Gottschalk tot sei, alle ermordet und tot! Von dem Schmerze dieses Bewusstseins wäre sie schier selber gestorben, hätte sich nicht eine wohltätige Ohnmacht über ihre Sinne ergossen.

Drittes Kapitel

Als die schöne Sara, nach beendigtem Gottesdienste, in den Hof der Synagoge hinabstieg, stand dort der Rabbi, harrend seines Weibes. Er nickte ihr mit heiterem Antlitz und geleitete sie hinaus auf die Straße, wo die frühere Stille ganz verschwunden und ein lärmiges Menschengewimmel zu schauen war. Bärtige Schwarzröcke, wie Ameisenhaufen; Weiber, glanzreich hinflatternd, wie Goldkäfer; neugekleidete Knaben, die den Alten die Gebetbücher nachtrugen; junge Mädchen, die, weil sie nicht in die Synagoge gehen dürfen, jetzt aus den Häusern ihren Eltern entgegenhüpfen, vor ihnen die Lockenköpfchen beugen, um den Segen zu empfangen: Alle heiter und freudig, und die Gasse auf und ab spazierend, im seligen Vorgefühl eines guten Mittagsmahls, dessen lieblicher Duft schon mundwässernd hervorstieg aus den schwarzen, mit Kreide bezeichneten Töpfen, die eben von den lachenden Mägden aus dem großen Gemeinde-Ofen geholt worden.

In diesem Gewirre war besonders bemerkbar die Gestalt eines spanischen Ritters, auf dessen jugendlichen Gesichtszügen jene reizende Blässe lag, welche die Frauen gewöhnlich einer unglücklichen Liebe, die Männer hingegen einer glücklichen zuschreiben. Sein Gang, obschon gleichgültig hinschlendernd, hatte dennoch eine etwas gesuchte Zierlichkeit; die Federn seines Barettes bewegten sich mehr durch das vornehme Wiegen des Hauptes, als durch das Wehen des Windes; mehr als eben notwendig klirrten seine goldenen Sporen und das Wehrgehänge seines Schwertes, welches er im Arme zu tragen schien, und dessen Griff kostbar hervorblitzte aus dem weißen Reutermantel, der seine schlanken Glieder scheinbar nachlässig umhüllte und dennoch den sorgfältigsten Faltenwurf verriet.

Hin und wieder, teils mit Neugier, teils mit Kennermiene nahte er sich den vorüberwandelnden Frauenzimmern, sah ihnen seelenruhig fest ins Antlitz, verweilte bei solchem Anschaun wenn die Gesichter der Mühe lohnten, sagte auch manchem liebenswürdigen Kinde einige rasche Schmeichelworte, und schritt sorglos weiter ohne die Wirkung zu erwarten. Die schöne Sara hatte er schon mehrmals umkreist, jedes Mal wieder zurückgescheucht von dem gebietenden Blick derselben oder auch von der rätselhaft lächelnden Miene ihres Mannes, aber endlich, in stolzem Abstreifen aller scheuen Befangenheit, trat er beiden keck in den Weg, und mit stutzerhafter Sicherheit und süßlich galantem Tone hielt er folgende Anrede:

»Sennora, ich schwöre! Hört, Sennora, ich schwöre! Bei den Rosen beider Kastilien, bei den aragonesischen Hyazinthen und andalusischen Granatblüten! Bei der Sonne die ganz Spanien mit all seinen Blumen, Zwiebeln, Erbsensuppen, Wäldern, Bergen, Mauleseln, Ziegenböcken und Alt-Christen beleuchtet! Bei der Himmelsdecke, woran diese Sonne nur ein goldner Quast ist! Und bei dem Gott, der auf der Himmelsdecke sitzt, und Tag und Nacht über neue Bildungen holdseliger Frauengestalten nachsinnt... Ich schwöre, Sennora, Ihr seid das schönste Weib, das ich in deutschen Landen gesehen habe, und so Ihr gewillet seid meine Dienste anzunehmen, so bitte ich Euch um die Gunst, Huld und Erlaubnis mich Euren Ritter nennen zu dürfen, und in Schimpf und Ernst Eure Farben zu tragen!«

Ein errötender Schmerz glitt über das Antlitz der schönen Sara, und mit einem Blicke, der um so schneidender wirkt, je sanfter

die Augen sind die ihn versenden, und mit einem Tone, der um
so vernichtender je bebend weicher die Stimme, antwortete die
tiefgekränkte Frau:

»Edler Herr! Wenn Ihr mein Ritter sein wollt, so müsst Ihr
gegen ganze Völker kämpfen, und in diesem Kampfe gibt es wenig
Dank und noch weniger Ehre zu gewinnen! Und wenn Ihr gar
meine Farben tragen wollt, so müsst Ihr gelbe Ringe auf Euren
Mantel nähen oder eine blaugestreifte Schärpe umbinden: denn
dieses sind meine Farben, die Farben meines Hauses, des Hauses
welches Israel heißt, und sehr elend ist, und auf den Gassen ver-
spottet wird von den Söhnen des Glücks!«

Plötzliche Purpurröte bedeckte die Wangen des Spaniers, eine
unendliche Verlegenheit arbeitete in allen seinen Zügen und fast
stotternd sprach er:

»Sennora... Ihr habt mich missverstanden... unschuldiger
Scherz... aber, bei Gott, kein Spott, kein Spott über Israel... Ich
stamme selber aus dem Hause Israel... mein Großvater war ein
Jude, vielleicht so gar mein Vater...«

»Und ganz sicher, Sennor, ist Eur Oheim ein Jude« – fiel ihm
der Rabbi, der dieser Szene ruhig zugesehen, plötzlich in die Rede,
und mit einem fröhlich neckenden Blicke setzte er hinzu: – »und
ich will mich selbst dafür verbürgen, dass Don Isaak Abarbanel,
Neffe des großen Rabbi, dem besten Blute Israels entsprossen ist,
wo nicht gar dem königlichen Geschlechte Davids!«

Da klirrte das Schwertgehänge unter dem Mantel des Spaniers,
seine Wangen erblichen wieder bis zur fahlsten Blässe, auf seiner
Oberlippe zuckte es wie Hohn der mit dem Schmerze ringt, aus
seinen Augen grinste der zornigste Tod, und in einem ganz verwandelten, eiskalten, scharfgehackten Tone sprach er:

»Sennor Rabbi! Ihr kennt mich. Nun wohlan, so wisst Ihr auch
wer ich bin. Und weiß der Fuchs, dass ich der Brut des Löwen
angehöre, so wird er sich hüten, und seinen Fuchsbart nicht in
Lebensgefahr bringen und meinen Zorn nicht reizen! Wie will

der Fuchs den Löwen richten? Nur wer wie der Löwe fühlt, kann seine Schwächen begreifen…«

»O, ich begreife es wohl« – antwortete der Rabbi und wehmütiger Ernst zog über seine Stirne – »ich begreife es wohl, wie der stolze Leu aus Stolz seinen fürstlichen Pelz abwirft und sich in den bunten Schuppenpanzer des Krokodils verkappt, weil es Mode ist ein greinendes, schlaues, gefräßiges Krokodil zu sein! Was sollen erst die geringeren Tiere beginnen, wenn sich der Löwe verleugnet? Aber hüte dich, Don Isaak, du bist nicht geschaffen für das Element des Krokodils. Das Wasser – (du weißt wohl wovon ich rede) – ist dein Unglück, und du wirst untergehn. Nicht im Wasser ist dein Reich; die schwächste Forelle kann besser darin gedeihen als der König des Waldes. Weißt du noch, wie dich die Strudel des Tago verschlingen wollten…«

In ein lautes Gelächter ausbrechend, fiel Don Isaak plötzlich dem Rabbi um den Hals, verschloss seinen Mund mit Küssen, sprang sporenklirrend vor Freude in die Höhe, dass die vorbeigehenden Juden zurückschraken, und in seinem natürlich herzlich heiteren Tone rief er:

»Wahrhaftig, du bist Abraham von Bacherach! Und es war ein guter Witz und obendrein ein Freundschaftsstück, als du zu Toledo von der Alkantara-Brücke ins Wasser sprangest und deinen Freund, der besser trinken als schwimmen konnte, beim Schopf fasstest und aufs Trockene zogest! Ich war nahe dran, recht gründliche Untersuchungen anzustellen: ob auf dem Grunde des Tago wirklich Goldkörner zu finden, und ob ihn mit Recht die Römer den goldnen Fluss genannt haben? Ich sage dir, ich erkälte mich noch heute durch die bloße Erinnerung an jene Wasserpartie.«

Bei diesen Worten gebärdete sich der Spanier, als wollte er anhängende Wassertropfen von sich abschütteln. Das Antlitz des Rabbi aber war gänzlich aufgeheitert. Er drückte seinem Freunde wiederholentlich die Hand und jedes Mal sagte er: »Ich freue mich!«

»Und ich freue mich ebenfalls« – sprach der andre – »wir haben uns seit sieben Jahren nicht gesehen; bei unserem Abschied war ich noch ein ganz junger Gelbschnabel, und du, du warst schon so gesetzt und ernsthaft… Was ward aber aus der schönen Donna, die dir damals so viele Seufzer kostete, wohlgereimte Seufzer, die du mit Lautenklang begleitet hast…«

»Still, still! die Donna hört uns, sie ist mein Weib, und du selbst hast ihr heute eine Probe deines Geschmackes und Dichtertalents dargebracht.«

Nicht ohne Nachwirkung der früheren Verlegenheit, begrüßte der Spanier die schöne Frau, welche mit anmutiger Güte jetzt bedauerte, dass sie durch Äußerungen des Unmuts einen Freund ihres Mannes betrübt habe.

»Ach, Sennora« – antwortete Don Isaak – »wer mit täppischer Hand nach einer Rose griff, darf sich nicht beklagen, dass ihn die Dornen verletzten! Wenn der Abendstern sich im blauen Strome goldfunkelt abspiegelt…«

»Ich bitte dich um Gotteswillen« – unterbrach ihn der Rabbi – »hör auf!… Wenn wir solange warten sollen bis der Abendstern sich im blauen Strome goldfunkelt abspiegelt, so verhungert meine Frau; sie hat seit gestern nichts gegessen und seitdem viel Ungemach und Mühsal erlitten.«

»Nun, so will ich Euch nach der besten Garküche Israels führen« – rief Don Isaak – »nach dem Hause meiner Freundin Schnapper-Elle, das hier in der Nähe. Schon rieche ich ihren holden Duft, nämlich der Garküche. O wüsstest du, Abraham, wie dieser Duft mich anspricht! Er ist es, der mich, seit ich in dieser Stadt verweile, so oft hinlockt nach den Zelten Jakobs. Der Verkehr mit dem Volke Gottes ist sonst nicht meine Liebhaberei, und wahrlich nicht um hier zu beten, sondern um zu essen besuche ich die Judengasse…«

»Du hast uns nie geliebt, Don Isaak…«

»Ja« – fuhr der Spanier fort – »ich liebe Eure Küche weit mehr als Euren Glauben; es fehlt ihm die rechte Sauce. Euch selber habe ich nie ordentlich verdauen können. Selbst in Euren besten Zeiten, selbst unter der Regierung meines Ahnherrn Davids, welcher König war über Juda und Israel, hätte ich es nicht unter Euch aushalten können, und ich wäre gewiss eines frühen Morgens aus der Burg Sion entsprungen und nach Phönizien emigriert, oder nach Babylon, wo die Lebenslust schäumte im Tempel der Götter…«

»Du lästerst, Isaak, den einzigen Gott« – murmelte finster der Rabbi – »du bist weit schlimmer als ein Christ, du bist ein Heide, ein Götzendiener…«

»Ja, ich bin ein Heide, und eben so zuwider wie die dürren, freudlosen Hebräer sind mir die trüben, qualsüchtigen Nazarener. Unsre liebe Frau von Sidon, die heilige Astarte, mag es mir verzeihen, dass ich vor der schmerzenreichen Mutter des Gekreuzigten niederknie und bete… Nur mein Knie und meine Zunge huldigt dem Tode, mein Herz blieb treu dem Leben!…«

»Aber schau nicht so sauer« – fuhr der Spanier fort in seiner Rede, als er sah wie wenig dieselbe den Rabbi zu erbauen schien – »schau mich nicht an mit Abscheu. Meine Nase ist nicht abtrünnig geworden. Als mich einst der Zufall, um Mittagszeit, in diese Straße führte, und aus den Küchen der Juden mir die wohlbekannten Düfte in die Nase stiegen: da erfasste mich jene Sehnsucht, die unsere Väter empfanden, als sie zurückdachten an die Fleischtöpfe Ägyptens; wohlschmeckende Jugenderinnerungen stiegen in mir auf; ich sah wieder im Geiste die Karpfen mit brauner Rosinensauce, die meine Tante für den Freitagabend so erbaulich zu bereiten wusste; ich sah wieder das gedämpfte Hammelfleisch mit Knoblauch und Mairettig, womit man die Toten erwecken kann, und die Suppe mit schwärmerisch schwimmenden Klößchen… und meine Seele schmolz, wie die Töne einer verliebten Nachtigall, und seitdem esse ich in der Garküche meiner Freundin Donna Schnapper-Elle!«

Diese Garküche hatte man unterdessen erreicht; Schnapper-Elle selbst stand an die Türe ihres Hauses, die Messfremden, die sich hungrig hineindrängten, freundlich begrüßend. Hinter ihr, den Kopf über ihre Schulter hinauslehnend, stand der lange Nasenstern und musterte neugierig ängstlich die Ankömmlinge. Mit übertriebener Grandezza nahte sich Don Isaak unserer Gastwirtin, die seine schalkhaft tiefen Verbeugungen mit unendlichen Knicksen erwiderte; drauf zog er den Handschuh ab von seiner rechten Hand, umwickelte sie mit dem Zipfel seines Mantels, ergriff damit die Hand der Schnapper-Elle, strich sie langsam über die Haare seines Stutzbartes und sprach:

»Sennora! Eure Augen wetteifern mit den Gluten der Sonne! Aber obgleich die Eier, je länger sie gekocht werden, sich desto mehr verhärten, so wird dennoch mein Herz nur um so weicher je länger es von den Flammenstrahlen Eurer Augen gekocht wird! Aus der Dotter meines Herzens flattert hervor der geflügelte Gott Amor und sucht ein trauliches Nestchen in Eurem Busen… Diesen Busen, Sennora, womit soll ich ihn vergleichen? Es gibt in der weiten Schöpfung keine Blume, keine Frucht, die ihm ähnlich wäre! Dieses Gewächs ist einzig in seiner Art. Obgleich der Sturm die zartesten Röslein entblättert, so ist doch Eur Busen eine Winterrose, die allen Winden trotzt! Obgleich die saure Zitrone, je mehr sie altert, nur desto gelber und runzlichter wird, so wetteifert dennoch Eur Busen mit der Farbe und Zartheit der süßesten Ananas! O Sennora, ist auch die Stadt Amsterdam so schön, wie Ihr mir gestern und vorgestern und alle Tage erzählt habt, so ist doch der Boden worauf sie ruht noch tausendmal schöner…«

Der Ritter sprach diese letzteren Worte mit erheuchelter Befangenheit und schielte schmachtend nach dem großen Bilde, das an Schnapper-Elles Halse hing; der Nasenstern schaute von oben herab mit suchenden Augen, und der belobte Busen setzte sich in eine so wogende Bewegung, dass die Stadt Amsterdam hin und her wackelte.

»Ach!« – seufzte die Schnapper-Elle – »Tugend ist mehr wert als Schönheit. Was nützt mir die Schönheit? Meine Jugend geht vorüber, und seit Schnapper tot ist – er hat wenigstens seine Hände gehabt – was hilft mir da die Schönheit?«

Und dabei seufzte sie wieder, und wie ein Echo, fast unhörbar, seufzte hinter ihr der Nasenstern.

»Was Euch die Schönheit nützt?« – rief Don Isaak – »O, Donna Schnapper-Elle, versündigt Euch nicht an der Güte der schaffenden Natur! Schmäht nicht ihre holdesten Gaben! Sie würde sich furchtbar rächen. Diese beseligenden Augen würden blöde verglasen, diese anmutigen Lippen würden sich bis ins Abgeschmackte verplatten, dieser keusche, liebesuchende Leib würde sich in eine schwerfällige Talgtonne verwandeln, die Stadt Amsterdam würde auf einen muffigen Morast zu ruhen kommen –«

Und so schilderte er Stück vor Stück das jetzige Aussehn der Schnapper-Elle, so dass der armen Frau sonderbar beängstigend zu Mute ward, und sie den unheimlichen Reden des Ritters zu entrinnen suchte. In diesem Augenblicke war sie doppelt froh als sie der schönen Sara ansichtig ward und sich angelegentlichst erkundigen konnte, ob sie ganz von ihrer Ohnmacht genesen. Sie stürzte sich dabei in ein lebhaftes Gespräch, worin sie alle ihre falsche Vornehmtuerei und echte Herzensgüte entwickelte, und mit mehr Weitläufigkeit als Klugheit die fatale Geschichte erzählte, wie sie selbst vor Schrecken fast in Ohnmacht gefallen wäre, als sie wildfremd mit der Trekschuite zu Amsterdam ankam, und der spitzbübische Träger ihres Koffers sie nicht in ein ehrbares Wirtshaus, sondern in ein freches Frauenhaus brachte, was sie bald gemerkt an dem vielen Branntweingesöffe und den unsittlichen Zumutungen… und sie wäre, wie gesagt, wirklich in Ohnmacht gefallen, wenn sie es, während den sechs Wochen, die sie in jenem verfänglichen Hause zubrachte, nur einen Augenblick wagen durfte die Augen zu schließen…

»Meiner Tugend wegen« – setzte sie hinzu – »durfte ich es nicht wagen. Und das alles passierte mir wegen meiner Schönheit! Aber Schönheit vergeht und Tugend besteht.«

Don Isaak war schon im Begriff die Einzelheiten dieser Geschichte kritisch zu beleuchten, als glücklicherweise der schele
Aron Hirschkuh, von Homburg an der Lahn, mit der weißen
Serviette im Maule, aus dem Hause hervorkam, und ärgerlich
klagte, dass schon längst die Suppe aufgetragen sei und die Gäste
zu Tische säßen und die Wirtin fehle - - - - - -

*(Der Schluss und die folgenden Kapitel sind, ohne Verschulden des
Autors, verloren gegangen.)*